인간을 잘 이해하는 방법은 한 가지밖에 없다.
그들을 판단하는 데 결코 서두르지 않는 것이다.

생트 뵈브

인생이란 또 사랑이란, 우리 마음을 처음에는 나에게,
그다음에는 다른 사람에게 조금씩 열어 나가는 과정이다.
대니얼 고틀립

상대방이 자신의 잘못을 이미 알고 있는 부분에 대해
그 과실을 거리낌 없이 말해서는 안 된다.
사마천

두 눈을 크게 뜨는 사람은 인생의 많은 부분이 잘될 것이다.
그러나 한눈을 감을 줄 아는 사람은 더 잘된다.
요한 볼프강 폰 괴테

내일을 바꾸는 인생 공부

내일을 바꾸는 인생 공부

펴낸날 2023년 5월 10일 1판 1쇄

지은이_신진상
펴낸이_김영선
편집주간_이교숙
교정교열_정아영, 나지원, 이라야
경영지원_최은정
디자인_바이텍스트
마케팅_신용천

펴낸곳 (주)다빈치하우스-미디어숲
주소 경기도 고양시 덕양구 청초로 66 덕은리버워크지산 B동 2007호~2009호
전화 (02) 323-7234
팩스 (02) 323-0253
홈페이지 www.mfbook.co.kr
이메일 dhhard@naver.com (원고투고)
출판등록번호 제 2-2767호

값 17,800원
ISBN 979-11-5874-188-4(03100)

내 안의 깊은 난제를 털어낼 지성인 50인의 위로

내일을
바꾸는
인생 공부

신진상 지음

미디어숲

당신의
잠 못 이루는 밤

아주 오래도록 잠 못 이루는 밤을 지새우던 감수성 예민한 프랑스 작가가 있었습니다. 20세기 최고의 소설을 남겼다는 그의 이름은 마르셀 프루스트입니다. 프루스트는 아예 잠들기를 포기했습니다. 그리고 '잃어버린 시간'을 찾아 나서는 기억의 여행을 떠납니다.

아주 긴 여행이었습니다. 코르크 마개로 외부의 소음을 차단한 자기만의 방에서 마르셀 프루스트는 자전적인 소설을 써 내려갑니다. 홍차에 적신 마들렌 한 조각은 과거의 유년 시절로 되돌아가는 기차표였습니다. 시간 여행을 떠난 그는 끝내 돌아오지 못하고 인생을 마감하죠.

소설 『잃어버린 시간을 찾아서』는 단지 프루스트의 자전적인 이야기만은 아닙니다. 문학, 그림, 연극 등 프랑스의 찬란했던 시절 '벨 에포크'의 모든 것들이 담겨 있는 백과사전이라고도 볼 수 있습니다.

감수성이 예민한 프루스트만 잠 못 이루는 것은 아닙니다. 복잡다단한 현대를 사는 우리 모두 감수성이 예민해지기 마련이죠. 그리고 우리들의 인생은 고난의 연속이라고도 볼 수 있습니다. 스무 살까지는 공부가 인생의 전부라고 생각했을 겁니다. 소위 명문 대학이라는 곳에 합격하면 모든 고민이 끝날 줄 알았겠죠. 하지만 좋은 대학 졸업장 하나로 인생이 풀리는 시대는 지나갔습니다. 학생들은 대학 시절 동안 대기업과 공무원 시험 준비에 모든 것을 쏟아붓습니다. 그리고 좋은 직장에 합격하면 그것으로 끝일까요? 그렇지 않습니다. 치열한 경쟁사회에서 살아남기 위해 안간힘을 씁니다. 그래서 사람들은 주식이나 코인, 유튜버 등 경제적 자유를 꿈꾸고, 세상에는 경제적 자유를 이룬 성공담도 넘쳐나지요. 하지만 그런 이야기들을 들을수록 행운이 나에게 올 가능성은 점점 더 희박해 보입니다.

물론 우리는 인생에서 돈이 가장 중요하지 않다는 것을 알고 있습니다. 그렇다면 마음에 드는 사람을 만나 사랑에 빠지고 결혼을 한다면 행복할까요? 이 역시 힘난한 길입니다. 경제적 이유, 인간관계의 미묘함 때문에 연애는 로맨틱한 영화의 줄거리처럼 해피엔딩으로 끝나기 어렵습니다. 직장 생활은 어떨까요? 일이 힘든 사람은 별로 없다고 합니다. 직장 생활이 고된 이유는 '인간관계' 때문입니다. 경제적 자유가 없는 우리는 스트레스를 참고 매일 출근길에 나섭니다. 돈 벌기는 어렵고, 연애도 맘처럼 되지 않고, 인간관계는 힘들기만 한다면 해결책은 뭘까요? 바로 '자기계발'에 투자하는 겁니다. 공부를 하는 것이죠. 시험에 합격하기 위한 공부가 아닙니다. 인생을 공부해야 하는 겁니다. 인생은 끝없는 시험과 도전의 연속이기 때문입니다.

여러분은 개인으로서, 가족 구성원으로서, 사회의 일원으로서, 또 경제 활동을 하는 주체로서 다양한 문제들을 만납니다. 인생의 모든 길에서 우리는 누군가를 만나 관계를 맺습니다. 이러한 과정에서 여러 가지 문제가 발생하기 마련입니다. 인생에서 만나게 되는 문제들은 어떤 것들이 있을까요? 또 이것을 해결하기 위해 공부를 해야 한다면, 좋은 방법은 무엇일까요? 우선 후자부터 답을 드리겠습니다.

저는 1년에 1,000여 권의 책을 읽는 다독가입니다. 철학, 심리, 뇌과학, 물리, 경영학, 경제학, 역사, 문학을 넘나들면서 좋은 책들을 선별해서 읽습니다. 현실적인 경제와 세상 돌아가는 이슈를 알기 위한 신간들도 많습니다만 우리가 한 번쯤은 들어봤지만 정작 읽어보지 않은 고전들도 많습니다. 저는 신간에서 지식을 얻고 고전에서 지혜를 배웁니다. 지식은 유튜브에서도 얻을 수 있습니다. 그러나 지혜는 유튜브나 신간 서적으로도 얻기 어렵습니다. 오직 고전에서만이 가능합니다. 그리고 요즘 뜨거운 이슈로 떠오르고 있는 챗GPT도 고전에서 인용문을 찾아 도움을 줄 수는 있겠지만, 그것을 지혜로 바꾸기 위해서는 온전히 사용자의 독서를 통한 진정한 사고의 경험이 축적되어야 합니다.

"당신이 인생에서 만날 모든 문제는 고전 속에 답이 있습니다!"

고전이 지혜의 보고寶庫인 이유는 세 가지입니다.

첫 번째는 고전 자체가 지닌 경쟁력입니다. 고전은 길게 보면 2500년, 짧게는 100년을 지나오면서 최고의 책으로 인정받고 많은 독자로부터 사랑을 받아 생명력을 이어온 책들입니다. 쉽게 말하면 공인받은 스테디셀러입니다. 오랜 세월이 흘러도 변함없이 사랑받는 이유는 그만큼 가치있는 지혜가 담겨있기 때문일 겁니다.

두 번째는 인간의 본성은 변하지 않기 때문입니다. 인간은 과학 기술의 발전으로 과거와 비교할 수 없는 윤택한 생활을 누리지만 정신적으로는 2000년 전과 비교해 크게 달라지지 않았습니다. 그래서 2000년 전에 했던 선현들의 고민과 그에 대한 해결책이 오랜 시간이 지나도 여전히 유효한 것입니다.

세 번째 이유는 고전으로 인정받은 작가들이 당대의 삶을 고민하면서도 선견지명의 지혜를 갖고 있기 때문입니다. 즉, 대부분의 고전은 당대와 미래의 문제를 함께 다루고 있다는 것이죠. 우리가 고전이라고 인정하는 저자들은 시대를 뛰어넘어 세상을 보는 통찰력을 갖고 있습니다.

그러면 우리는 고전에서 지혜를 찾고 이를 삶에 적용하면 행복한 삶을 살 수 있을까요?

네, 저는 가능하다고 말하고 싶습니다. 4차 산업혁명 시대를 사는 우리는 엄청난 변화의 속도를 따라잡으려고 고군분투하지만, 인간의 두뇌와 감정은 공자가 살던 시절이나 플라톤과 아리스토텔레스가 살던 고대 그리스에 비해 달라지지 않았습니다. 즉, 인간이 느끼는 행복은 과거와 크게 달라지지 않았다는 것입니다. 지식은 편안한 삶을 제공하고, 지혜는 우리에게 행복을 선물합니다.

지혜는 시간이 지날수록 더욱더 쌓이게 됩니다. 공자의 『논어』가 지금도 지혜의 원천이라고 불리는 이유는 공자의 말씀과 이에 대한 제자들의 해석, 그리고 후대의 수많은 논어 해석자들이 더한 주석으로 공자의 지혜가 눈덩이처럼 불어났기 때문이지요. 복리 이자처럼 말이죠. 오늘 우리가 만나는 문제는 지식만으로 풀리지 않습니다. 하지만 과거의 지혜는 복잡다단한 현대사회를 사는 우리에게 큰 도움을 줄 수 있습니다.

모든 문제는 서로 얽혀 있습니다. 우리는 시공간이 서로 연결된 현대사회를 살고 있습니다. 동양과 서양, 과거와 현재와 미래가 공존하는 세상이죠. 공자의 『논어』를 중심으로 맹자의 『도덕경』, 『사기』, 『손자병법』 등 중국의 고전과 부처님의 지혜를 담은 『법구경』 그리고 이황과 함께 국내 철학의 양대 축인 율곡 이이의 『격몽요결』 등을 읽다 보면 과학 기술로만 해결할 수 없는 정신적인 문제에 대한 해답이 보입니다.

그리고 소크라테스, 플라톤, 아리스토텔레스, 마르크스, 아우렐리우스, 데일 카네기, 벤저민 프랭클린, 피터 드러커, 헤르만 헤세 등이 남겨 놓은 서양의 고전을 읽다 보면 동양의 고전들이 놓치고 있는 문제들에 대한 지혜를 얻을 수 있습니다. 인생에서 경제적 자유의 중요성, 개인주의와 인권의 의미를 되새겨볼 수 있고, 비주류의 관점에서 세상을 바라보는 안목 등을 키울 수 있습니다. 동서양의 고전을 넘나들며 읽어야 하는 이유가 여기에 있습니다. 독자 스스로가 자신에게 필요한 삶의 지혜와 의미를 능동적으로 찾아야 하는 것이지요.

흔히 고전을 철학이나 사상서로만 생각하는 이들이 많은데, 문학 또한 고전의 범주에 중요한 자리를 차지합니다. 문학 작품은 인간의 본성을 이해하는 데 필수적입니다. 문학의 힘은 인간의 삶을 근본에서부터 송두리째 바꾸어 놓을 수 있습니다.

이제 앞서 제가 던졌던 질문으로 돌아가 보겠습니다. 우리가 인생에서 만나게 되는 문제들입니다. 인생의 출발점에서 종착역에 이르는 과정에서 여러분이 마주치는 문제들을 7가지 범주로 나눌 수 있습니다.

인생에서 첫 번째 문제는 '가치관'입니다. 인생에서 제대로 된 가치관을 형성한 사람과 그렇지 못한 사람 간에 느끼는 행복감의 차이는 실로 어마어마합니다. 삶에서 가치관이 필요한 문제들은 무엇이 있으며, 이를 어떻게 해결해야 할까요? 역시 해답은 '고전'에 있습니다. 절대적 가치와 상대적 가치가 충돌하는 시점에서 '무엇을 선택할 것인가'의 문제는 어떤 가치관을 갖고 살 것인지와 동의어라고 할 수 있습니다. 그리고 한국 사회의 가장 큰 걱정거리인 저출산의 문제도 결국은 가치관의 싸움입니다.

두 번째 문제의 범주는 '갈등'입니다. 현대인들이 겪는 가장 큰 어려움이라고 할 수 있습니다. 사람들은 오프라인과 온라인에서, 사회 또는 개인의 삶 속에서 많은 타인을 만나며 친구를 만들거나 적대적인 관계를 형성하게 됩니다. 그리고 우리는 적대적인 사람은 물론, 가족, 친구 관계에서도 스트레스를 받고 갈등에 빠집니다. 어느 시대보다 다양한 인간관계를 누리는 현대인들은 가장 기본적인 인간관계를 맺는 것 자체를 어려워합니다. 그리고 우리는 외부와의 갈등 못지않게 내면의 갈등으로부터 고통을 받고 있습니다. 하지만 고통에는 처방전이 있기 마련입니다. 고전은 가장 탁월한 처방전을 제공합니다.

세 번째는 '공부'의 문제입니다. 공부는 대학을 가기 위해 청소년 시기에만 하는 것이 아닙니다. 너무 빨리 변하는 기술 속도에 맞춰 끝없이 죽을 때까지 공부해야 하는 현실은 분명 괴로운 것입니다. 하지만 공부의 결과는 달콤합니다. 물론 공부의 내용은 시간과 기술의 발전에 따라 변하지만, 공부의 본질은 어느 시대에나 똑같이 통용되는 원칙이 있습니다. 그것을 알려주는 것이 바로 '고전'입니다.

네 번째 중요한 키워드는 '습관'입니다. 분 단위의 시간을 관리해야 하는 현대인들을 가장 어렵게 만드는 요인은 바로 습관이라고 볼 수 있습니다. 동서양의 현인들은 시간과 습관의 문제를 어떻게 해결했을까요? 좋은 습관을 몸에 익히기 위해 자신을 단련하고 나쁜 습관을 버리면서 자기 삶을 바꾸어 갔습니다. 누구 말대로 습관이 운명을 만듭니다. 인간은 과거의 잘못된 습관을 바로잡으며 성장해 나갑니다.

다섯 번째는 '목표'입니다. 목표가 있는 삶과 없는 삶의 격차는 하늘과 땅 차이입니다. 그리고 목표를 이루기 위해서는 반드시 계획이 수반되어야 합니다. 동서양의 수많은 고전은 인생에서 목표를 어떻게 설정하고 추구하는지를 친절하게 알려주는 도우미입니다. 목표 달성에 실패했을 때는 물론이지만, 성공했을 때도 우리의 마음가짐이 달라져야 합니다.

여섯 번째는 '사랑'입니다. 인간은 태어나서 죽을 때까지 사랑을 합니다. 사랑은 정신분석학자이자 사회심리학자인 에리히 프롬의 『사랑의 기술』이라는 책 제목처럼 '기술'이 필요합니다. 사랑에 관계된 문제들은 새로운 문제들이 아닙니다. 동서양의 많은 현자는 이미 이에 대한 답을 내놓았습니다. 사랑은 '구관이 명관', 영어로 하면 'Oldies but Goodies'가 영원한 진리입니다.

마지막 문제의 범주는 '자아실현'입니다. 여러분이 자아실현을 고민하고 있다면 이는 위에서 말한 여섯 가지 범주의 문제들은 이미 해결이 되었다는 뜻입니다. 모든 삶의 목표는 자아실현이기 때문입니다. 우리는 자아실현을 위한 과정에서 행복을 발견할 수 있습니다. 자아실현을 이루는 날이 바로 진정한 평화를 느끼는 바로 그날입니다. 우리는 자아실현을 위해 오늘도 그리고 내일도 고전을 읽어야 합니다.

　고전은 인간이 만든 최고의 명품입니다. 명품에 중독되는 이유 중 하나가 열등감 때문이라고 말하기도 하지만 고전이라는 명품은 그렇지 않습니다. 고전은 열등감을 자존감으로 바꿔줍니다. 고전 속에서 인생의 답을 찾아가며 마음의 평화를 얻는다면, 어느 순간 깊은 잠에 빠진 자기 자신을 발견할 수 있을 겁니다. 인생의 행복은 그렇게 찾아올 것입니다.

　불면증을 겪는 현대인들이 많다고 합니다. 고민과 스트레스가 많기 때문이겠죠. 잠이 들지 않을 때 억지로 잠을 청하면 더 잠이 오지 않게 마련입니다. 잠자리에 들기 전, 고전을 읽어보는 것은 어떨까요? 마르셀 프루스트가 홍차에 적신 마들렌을 먹고 잃어버린 시간을 찾아서 유년의 시절로 되돌아가는 것처럼, 고전의 세계로 여행을 떠나보는 겁니다.

　고전으로의 여행은 우리가 인생에서 마주치게 되는 일곱 가지 문제들에 대한 해답을 제공해 줄 것입니다.

저자 신진상

차례

힘든 상황에서 긍정적인 일을 떠올리기란 쉽지 않을 수 있습니다.
하지만 마음을 열고 자신의 내면을 들여다보면 감사할 것들은
아주 작은 것이라도 찾아낼 수 있습니다.

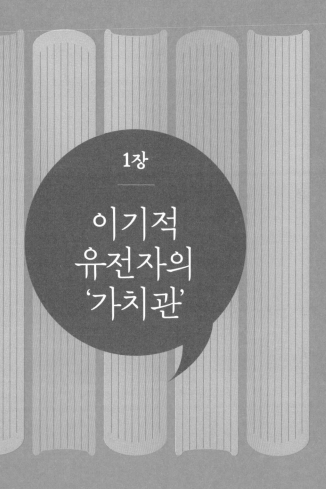

1장

이기적
유전자의
'가치관'

가치관이 없다면 물질적으로 풍족한 삶을 살아도 불행할 수밖에 없습니다. 무엇이 좋은 삶이고 어떻게 사는 것이 바람직한 삶인가에 대한 기준 없는 노력은 목적지를 모르고 질주하는 기차와 같이 위험합니다. 고전은 삶에서 어떤 가치관이 중요한지 말해주기 때문에 고전입니다. 서양에서 아리스토텔레스와 헨리 데이비드 소로가 어떻게 살지에 대해 정답을 말해줬다면, 동양에서는 공자와 맹자의 삶 자체가 하나의 모범 답안입니다. 지금부터는 동서양의 고전이 말하는 삶의 가치관을 살펴보겠습니다.

나에게 주어진 것들을 사랑한
철학자의 충고

'깨어 있는 삶'보다 더 가치 있는 삶이 있을까요? 미국의 철학자이며 생태학자인 헨리 데이비드 소로는 문명을 버리고 고향 콩코드의 월든 호숫가에 오두막집을 짓고 자연 친화적인 삶을 살았습니다. 소로는 저서 『월든』에서 깨어 있는 삶에 대해 이렇게 말합니다.

"내가 숲으로 들어간 이유는 삶의 빛나는 정수만을 간절히 체험해 보고 싶었기 때문이다. 나는 삶이 아닌 삶은 살고 싶지 않았다. 삶이란 그토록 소중한 것이기에, 나는 삶의 골수 깊은 곳까지 모조리 빨아들이고 싶었고, 스파르타인처럼 강인하게 살아가며, 삶이 아닌 모든 것을 제거해 버리고 싶었다.”

세계적인 철학자가 월든 숲에서 살았던 이유는 자연이 아니라 '삶'이 좋았기 때문입니다. 헨리 데이비드 소로의 말이 맞습니다. 인생에서 추구해야 할 가치 중에서 삶 이상의 것은 없습니다. 돈도 사랑도 가족의 행복도 자기 삶이 있어야만 가능한 가치들입니다. **'행복이라는 가치를 추구하려면 그 전에 자기 삶부터 사랑해야 한다'**라는 소로의 가르침은 지금 이 시대에도 시사해 주는 바가 큽니다.

소로가 몸소 살았던 깨어 있는 삶은 현대적으로 어떻게 해석할 수 있을까요? 우선 삶을 피폐하게 만드는 가치를 거부해야합니다. 예를 들어 돈을 많이 버는 것은 현대 자본주의 사회에서 너무나 중요하지만 오로지 돈만 추구하며 모든 것을 돈의 잣대로 이해하려 한다면 가치 없는 삶이 될 수 있습니다. 나와 내가 사랑하는 사람을 지켜 줄 정도의 경제적 부는 필요하지만, 그 이전에 삶의 가치를 먼저 생각해야 합니다.

사람들은 저마다 최고라고 생각하는 가치관이 다릅니다. '사랑'을 제일 중요한 가치로 여기는 사람, '돈'을 최고로 생각하는 사람, '명예'를 으뜸이라고 생각하는 사람 모두 제각각이죠. 그런데 어떠한 하나의 가치에 너무 몰입해 우위에 두는 삶은 바람

직하지 않습니다. '부처를 만나면 부처를 죽이라'는 도법 스님의
가르침은 자신의 삶을 옥죄는 모든 절대적인 가치를 거부하라는
뜻입니다. 설사 그것이 자신이 추구하는 최고의 가치일지라도
말이지요. 도법 스님이나 헨리 데이비드 소로 모두 같은 가치를
말합니다.

"있는 그대로 자신의 삶을 사랑하라. 그것이 바로 깨어 있는
삶이다."

깨어 있는 삶의 가치는 동양 사상에서도 잘 드러납니다. 공자
와 맹자, 마하트마 간디의 인생은 깨어 있는 삶 그 자체였습니
다. 고려 충렬왕 때 쓰인 『명심보감』은 중국 고전 사상가와 제왕
들의 명언을 통해 인간의 성격, 도덕적인 행동, 정치, 경제 등에
관한 다양한 지혜를 전하며 깨어 있는 삶을 강조합니다.

"자기 생각을 깊이 하지 않으면, 못된 일을 저지를 수 있
다.(제1권 제60조)"

깨어 있는 삶은 자신의 생각을 깊이 성찰하고 분석해야 하며,
그렇지 않으면 실수를 할 수 있다는 것을 말합니다.
그렇다면 삶의 가치를 우선으로 추구해야 한다면 어떤 일을

해야 할까요? 삶은 '산다는 것'을 전제하니 살기 위해서는 어떤 일을 해도 된다는 사실을 의미할까요? '삶이 가장 소중한 가치'라는 뜻은 '무슨 일을 해도 좋다, 설사 타인을 해치는 일이라도'와는 다릅니다. 내게 주어진 것들을 사랑하고 내게 없다고 해서 자신을 탓하거나 남을 부러워하지 말라는 이야기입니다. 남을 탓하거나 남을 부러워하는 것, 그것이 바로 불행의 씨앗입니다.

　세계적인 성공학자인 게리 바이너척은 저서 『12 1/2 부와 성공을 부르는 12가지 원칙』에서 성공하는 사람들에게 꼭 필요한 자세 중의 하나를 '감사'라고 말합니다. 저는 그의 말에 적극적으로 동의합니다. 매일 하루를 마무리하면서 그날의 감사한 일들을 세 가지 정도 적어보세요. 누군가에게 칭찬을 받았던 일도 좋지만, 오늘 아침에도 눈부신 햇살을 보고 촉각으로 느낀 것도 감사하고, 별일도 아닌 작은 일에 웃음을 터져나왔다면 그것도 감사한 일입니다.

　힘든 상황에서 긍정적인 일을 떠올리기란 쉽지 않을 수 있습니다. 하지만 마음을 열고 자신의 내면을 들여다보면 감사할 것들은 아주 작은 것이라도 찾아낼 수 있습니다.

당신은 행복해지기 위해 태어난 존재

살면서 이런 고민을 할 때가 있습니다. '나는 왜 태어났을까?' 누군가 그 이유를 알려주면 좋을 텐데, 부모님도 선생님도 제대로 된 정답을 말해주지 않습니다. 성장기에 이런 고민 한번 해보지 않은 채로 사춘기를 보낸 사람은 아마 아무도 없을 것 같습니다. 그런데 이러한 비슷한 고민은 인생에서 꼬리에 꼬리를 물고 이어집니다.

'인생에 어떤 정해진 목적 같은 게 있을까?'를 고민하는 시기는 대학을 졸업하고 사회생활을 할 때 흔히 드는 의구심입니다. 누군가 내게 '당신이 태어난 이유는 이것이다'라고 말해주면 얼마나 좋을까요. 실존주의 철학자들은 이렇게 말합니다.

> "당신의 존재 이유라는 것은 따로 없다. 운명은 매 순간 나의 선택으로 만들어가는 것이다."

반면 인생에 정해진 목적이 있다고 주장하는 철학자도 있습니다. 논리학과 생물학, 천체물리학 등 서구에서 탄생한 거의 모든 학문의 시조로 불리는, 알렉산더 대왕의 스승이었던 아리스토텔레스입니다. 『니코마코스 윤리학』에서 아리스토텔레스는 다음과 같이 말합니다.

"인간은 자신이 인생에서 추구하는 목적이 무엇인지를 알아야 한다. 자신이 원하는 것을 얻을 가능성이 더 커지기 때문이다. '행복'은 삶의 의미이자 목적이며, 인간 존재의 완전한 목표이자 지향해야 할 지점이다. 사람에게만 내려주는 신의 선물이다."

아리스토텔레스의 철학과 자연과학은 목적론으로 대부분 설명됩니다. 뉴턴은 사과가 땅으로 떨어지는 것은 만유인력 때문이라고 말합니다. 하지만 아리스토텔레스는 '땅'이라는 목적을 향해 떨어지는 것이 사과의 운명이라는 식으로 세계의 원리를 해석했습니다. 공기가 공중에 떠다니는 이유는 '하늘'이 공기의 목적이기 때문이라는 식이죠. 목적론으로 생각했던 현상들은 실험과 논증을 발전시켜 현재의 물리학으로 거듭났습니다.

아리스토텔레스는 자연의 모든 것들과 더불어 인간에게도 목적이 있다고 생각했습니다. 그가 생각한 인간의 목적은 바로 '행복'입니다. 인간이 태어나고, 일하고, 운동하고, 밥을 먹고, 사람을 만나고, 사랑에 빠지는 모든 이유는 '행복' 때문이라는 것이죠. 내가 왜 사는지 누군가 묻는다면 '나의 행복을 위해서'라고 답하는 것은 그럴듯한 답변입니다. 그런데 이런 사고방식은 몇 가지 의문을 남깁니다.

인간이 행복을 위해 설계되었다면 인간의 모든 행동과 선택은 행복으로 이어져야 합니다. 하지만 심사숙고해서 결정한 선택들이 인간을 불행으로 몰고 가는 경우가 적지 않습니다. 행복이 목적인 인간이 왜 자신을 불행으로 이끌까요? 안타깝게도 아리스토텔레스는 이에 대한 특별한 대답을 남겨 놓지는 않았습니다. 제가 만약 아리스토텔레스라면 이렇게 답변할 것 같습니다.

　　"인간이 내린 잘못된 결정 때문에 인간이 불행한 것이 아니다. 결정할 때 '기준'이 잘못되었기 때문에 불행한 것이다. 사회적 동물인 인간은 자신만의 행복을 추구하는 존재가 아니다. 공동체의 행복 속에서 개인의 행복을 추구하는 존재가 바로 인간이다. 그런데 많은 불행이 자신만의 행복을 추구하는 이기주의 때문에 발생했을 가능성이 크다. 이기적인 행동과 결정은 다른 사람의 협력과 도움을 끌어내기 어렵다. 누군가의 도움 없이 스스로의 힘으로 인간은 행복을 이루기 어렵다. 이것이 바로 행복해야 할 인간들이 행복하지 못한 이유다."

　　인간을 사회적 동물이라고 본 공동체주의자 아리스토텔레스라면 충분히 했을 법한 이야기라고 생각됩니다. 하지만 여전히 '행복이란 무엇인가?'라는 질문은 남습니다.

　　인간은 무엇이 자신을 행복하게 하는지 잘 알고 있는 존재일까요? 이 질문에 대한 답변은 제가 아리스토텔레스라도 대답하기 상당히 어려웠을 것 같습니다. 인간이 행복이라는 목적을 위해 탄생했다면 당연히 행복한 사람이 많아야 할 텐데 이 세상에는 불행한 사람이 더 많은 것 같습니다. 따라서 우리는 인간이 정말 자기 행복이 무엇인지를 아는 존재인지에 대한 의문을 품게 됩니다.

행복이 인생의 목적이라면, 인간은 '무엇이' 자신에게 행복을 주는지 알아야 합니다. 당뇨 환자에게 아이스크림은 현재의 행복을 줄지 모르지만, 장기적으로는 건강을 해치는 원인이 됩니다. 마약에 중독된 사람들의 행복은 지속되지 않습니다. 여기서 우리는 삶에서 너무나 중대한 가치관을 하나 얻을 수 있습니다. 아리스토텔레스가 미처 우리에게 전하지 못한 깨달음이죠. 바로 행복에는 장기 행복과 단기 행복이 있다는 점입니다. 사람이 진정 행복해지려면 단기 행복이 아닌 장기 행복을 추구해야 한다는 것입니다.

아리스토텔레스가 인간만이 행복해질 수 있다고 말한 이유는 인간만이 미래를 생각하며 현재의 고생과 고통을 감내할 수 있는 능력이 있기 때문일 수 있습니다. 인간은 행복을 위해 산다는 아리스토텔레스의 목적론은 단기가 아닌 장기적인 행복을 이야기합니다.

적절한 삶의 균형 지대
발견하기

　지식인의 역사는 크게 두 진영으로 나뉘어 서로 논박하는 과정이라고 감히 말할 수 있습니다. 절대적 진리가 있다고 주장하는 이들과 그런 진리는 없다고 주장하는 이들의 싸움이죠. 플라톤 같은 고대 철학자, 뉴턴 같은 고전 물리학자, 기독교, 이슬람교, 불교 같은 유일신을 믿는 사람들은 절대적 진리를 믿습니다. 반면 양자역학이나 다신론을 믿는 사람들은 진리의 절대성을 부정합니다. 문예 사조로는 포스트모더니즘이 상대론에 해당합니다. 동양의 불교와 유교는 절대론과 상대론의 중간 정도로 볼 수 있을 것 같습니다.

큰 역사의 흐름에서 본다면 절대적 가치가 존재한다고 믿는 사람들이 다수를 이루다가 현대에 접어들면서 그런 진리는 없다는 상대주의로 넘어가는 상황이라고 볼 수도 있겠습니다. 물론 아직도 많은 종교인이 절대적 진리를 따르며 살고 있습니다. 젊은 사람일수록 어떤 절대적 가치에 자신을 맞추기보다는 상황에 따라 달라지는 상대적인 진리를 선호하는 경향을 보입니다. 그래서 현대인들이 얻은 것은 '자유'지만 잃은 것은 '확실성'이라고도 말할 수 있습니다. 현대인의 삶은 불확실합니다. 때로는 그 불확실성이 삶의 불안을 초래하기도 하죠.

살인은 모든 종교에서 금지하는 계명입니다. 하지만 예외적인 상황도 있습니다. 전쟁이 일어났을 때는 나라를 지킨다는 명분으로 적군을 죽이는 일이 허용됩니다. 보편주의와 상대주의가 충돌할 때 상대주의 논리가 이기는 대표적 사례입니다. 하지만 반대의 경우도 있습니다. 죽은 자의 매장 습관은 문화에 따라 달라질 수 있는 상대주의적인 풍습입니다. 죽은 자의 시신을 나누어 먹는 폴리네시아 지역 일부의 원주민 풍습은 상대주의 시각으로도 용납할 수 없는 일입니다. 따라서 그러한 풍습은 이제 존재하지 않게 되었지요.

인생을 살아가면서 절대주의와 상대주의 사이에서 조화와 균형을 유지하는 것은 매우 중요합니다. 맹자는 「진심」 편에서 이렇게 말합니다.

> "맹자가 말하길, 군자에게 세 가지 즐거움이 있으나, 천하에 왕 노릇하는 것은 여기에 들어있지 않다. 부모가 모두 생존해 계시고 형제가 아무 탈 없는 것이 첫 번째 즐거움이고, 우러러 하늘에 부끄럽지 않고 굽어보아 인간에 부끄럽지 않은 것이 두 번째 즐거움이요, 천하의 영재를 얻어서 교육하는 것이 세 번째 즐거움이니, 군자에게 세 가지 즐거움이 있으나, 천하에 왕 노릇을 함은 여기에 들어있지 않다."

> 孟子曰, 君子有三樂하니 而王天下는 不與存焉이니라. 父母俱存하며 兄弟無故가 一樂也요. 仰不愧於天하며 俯不怍於人이 二樂也요 得天下英才하여 而教育之가 三樂也니 君子有三樂에 而王天下는 不與存焉하니라.

천하에 왕 노릇하는 것을 즐거움으로 생각하는 것은 절대주의적 삶을 추구하는 겁니다. 모든 사람이 똑같은 꿈을 꾸며 그 길을 향해 나아갈 때 그들에게 주어진 길은 절대주의로 나아갑니다. 하지만 모든 사람이 다 왕이 될 수는 없습니다. 비록 내가 왕이 아니어도 부모 형제가 건강하고, 죄를 짓지 않고 떳떳하게 살며, 공부하면서 얻은 지식을 누군가에게 나눠 주는 삶은 행복한 인생이라고 할 수 있겠죠.

상대주의적 시각에 따르면 부모 형제에게 잘하는 방법은 다양합니다. 떳떳하게 사는 길도 다양합니다. 공부하는 과정도 주체에 따라 상황에 따라 얼마든지 다양할 수 있습니다. 절대적 진리를 추구하지는 않지만 적어도 내가 하는 일들이 하늘에 비추어 떳떳하다면 그 후에 내가 하는 수많은 일도 얼마든지 타당성을 얻을 수 있습니다.

그러므로 인간은 주어진 운명을 받아들이는 게 아니라 다양한 선택지 중에서 자신에게 맞는 길을 선택할 수 있다는 것이 맹자의 가르침에서 얻을 수 있는 교훈입니다.

이는 서양 고전에서도 찾아볼 수 있습니다. **플라톤은 무거운 것과 가벼운 것, 느린 것과 빠른 것, 이성과 감성 등의 요소들 간의 균형을 유지하는 것**이 무엇보다 중요하다고 주장했습니다. **절대적인 진리를 찾으려 하지 말고 그렇다고 상대주의에 경도돼 허무주의의 늪에도 빠지지 말며 적절하게 균형있는 삶을 추구해야 합니다.**

현대인은 신의 말씀이 무조건 옳다고 따랐던 중세인이 아닙니다. 그렇다고 신은 죽었다며 절대성을 부정한 니체의 허무주의적인 삶을 사는 것도 아닙니다. 우리는 적절한 삶의 균형 지대를 발견할 수 있어야 합니다. 이런 점에서 고전은 삶의 지혜를 밝혀주는 등불 같은 존재라고 말할 수 있겠습니다.

성공은 내가 잘하는 것이
무엇인가를 아는 것으로 시작된다

인생에서 많은 사람이 실패하는 이유는 따지고 보면 간단합니다. 사람들은 좋아하는 일만 하려고 하고 잘하는 일은 외면하기 때문입니다. 이는 자기 적성에 맞는 분야를 아직 제대로 모르고 있는 것일 수도 있습니다. 동학개미의 멘토로 유명한 펀드매니저 박세익은 후배들이나 직원들을 교육할 때 이런 말을 들려줍니다.

"스물다섯 살 전에 내가 무엇을 좋아하는지, 무엇을 잘할 수 있는지 적성을 파악하는 데 힘을 쏟아야 합니다. 그러려면 다양한 도전과 경험을 해 봐야 합니다. 직업을 선택할 때는 내가 좋아하는 일이 아니라 남들보다 경쟁력 있고 탁월한 성과를 낼 수 있는 일을 우선순위에 두어야 합니다. 사회는 냉혹합니다. 그래서 무조건 다른 사람들보다 잘할 수 있는 일을 해야 합니다. 그 일이 좋아서 하는 일이라면 정말 최고입니다. 그게 여러분의 적성이고 열정이 됩니다."

내가 좋아하는 것보다 잘하는 것을 남보다 빨리 찾는 데서 성공과 실패가 결정된다는 이야기입니다.

인생에서 변하지 않는 사실이 있습니다. '인생'이라는 버스를 모는 운전자는 바로 나 자신이라는 겁니다. 버스 운전사가 운전을 하다 보면 어떤 때는 탑승객들을 신경 쓰느라 정작 버스 앞에 무슨 일이 벌어지는지 파악을 못 할 때가 있습니다. 많은 사람이 다른 것들을 신경 쓰다가 정작 자신이 무엇을 잘하는지 모르는 채 나이를 먹는 것과 비슷한 상황이지요. 공자의 『대학』에는 이런 내용이 나옵니다.

"만물에는 근본과 말단이 있고, 모든 일에는 시작과 끝이 있으니 선후를 알면 도에 가깝다.
자고로 밝은 덕을 천하에 밝히고자 하는 자는 먼저 그 나라를 잘 다스려야 하고,

그 나라를 잘 다스리고자 하는 자는 먼저 그 집안을 잘 다스려야 하고,

그 집안을 잘 다스리고자 하는 자는 먼저 자기 자신의 수양을 해야 하고,

자기 자신을 수양하고자 하는 자는 먼저 그 마음을 바로 해야 하고,

그 마음을 바로 하고자 하는 자는 먼저 그 뜻을 성실히 해야 하고,

그 뜻을 성실히 하고자 하는 자는 먼저 그 지식에 힘써야 하고,

지식에 힘쓰고자 하는 것은 만물의 이치를 철저히 연구함에 있다.

만물의 이치를 철저히 연구한 이후에 지식이 지극히 되고,

지식이 지극히 된 이후에 뜻이 성실히 되고,

뜻이 성실히 된 이후에 마음이 바르게 되며,

마음이 바르게 된 이후에 자신의 몸이 수양이 된다.

자신이 수양이 된 이후에 집안이 잘 다스려지고,

백가^{百家}를 정돈한 이후에 나라가 잘 다스려진다.

나라가 잘 다스려진 이후에 천하가 평화롭게 된다.”

'수신제가치국평천하'는 많이 들어봤던 만큼 뜻도 알고 있으리라 생각됩니다. 그런데 대부분 이 문장의 의미를 순서대로만

생각하는 이들이 많습니다. 자기 몸을 수양한 후, 집안을 잘 돌보고, 그런 후에 나라를 다스리라는 식이죠. 하지만 꼭 그렇게 해석할 필요는 없습니다.

'제가'와 '치국', '평천하'는 '수신'을 기반으로 수행하는 것이기에 '평천하' 자체도 '수신'이라는 뜻이 될 수 있습니다. 즉, **자신을 다스리는 것이 모든 사회적 행위의 기본**임을 강조하는 문장입니다. 성공은 사회적인 결과입니다. 공자는 성공이 자신을 정확히 알고 다스릴 줄 알 때 가능하다고 말하고 있는 것입니다. 문자 그대로 유교적 이상에 맞추려는 자세가 아니라 유교적 가치를 상황에 맞게 적용시키는 노력이 필요합니다.

'자신을 안다'는 것은 자신의 욕망을 안다는 뜻이 아니라 자신의 특기를 파악하라는 가르침에 가깝습니다. 나라와 세상이 인재를 필요로 할 때 그 일을 좋아하는 사람을 선택하기보다는 그 일을 잘하는 사람에게 맡기는 것이 순리니까요. 어떤 이들은 능력에 맞지도 않는 자리에 올라서 국민으로부터 버림받는 경우를 우리는 종종 목격합니다. 잘하는 것과 좋아하는 것이 일치하는 경우도 있겠지만 다른 경우도 많습니다. 사람들은 좋아하는 것은 금세 알아차리지만 잘하는 것은 시간이 어느 정도 지나고 나야 아는 경우가 많습니다.

세상은 좋아하는 것을 찾기보다 잘하는 것을 찾기가 훨씬 더 어렵고 시간도 많이 들기 마련입니다. 좋아하는 것과 잘하는 것이 일치될 때는 행복을 느끼지만, 일치하지 않을 때는 방황하게 됩니다. 그 틈새의 시간이 길어질수록 불행해지죠. 따라서 내가 잘하는 것을 하루라도 빨리 찾아내는 것이 중요합니다. 내가 잘하는 일이 사회적으로 인정받고 돈도 많이 버는 일이라면 더 좋겠지만 그렇지 못하다고 해서 좌절할 필요는 없습니다.

운명을 만드는
절제의 성공학

　돈, 건강, 그리고 가족은 인생에서 가장 중요한 가치입니다. 우리는 이 중에서 '가족'을 제일 우선시하며 살아온 민족입니다. 하지만 저는 가장 중요한 가치로 '건강'을 들고 싶습니다. 건강하지 못하면 일단 가정 경제가 어려워집니다. 일해야 먹고살 수 있는 대다수 사람에게 건강은 돈의 필수조건입니다. 건강이 없으면 가족도 행복할 수 없습니다. 가족 중 누가 한 사람이라도 아프면 가족 전체가 아픕니다. 암이나 치매로 결국 가정이 파괴되는 경우도 주변에서 많이 볼 수 있습니다.

　아직 젊은 20~30대와 중년의 40~50대가 건강에 관한 생각이 같을 수는 없겠지만 건강은 건강할 때 신경 쓰는 게 맞습니다. 젊을 때부터 운동하고 적당하게 먹고 스트레스를 덜 받는 생활을 해야 50세 때 건강을 유지할 수 있기 때문이죠. 문제는 인류의 역사를 되돌아보면 인간은 점점 더 건강하지 못한 환경에서 살게 되었다는 점입니다. 인류는 수렵 생활을 할 때 제일 건강했습니다. 사냥과 채집을 위한 활동이 따랐기 때문이죠. 그러나 인류는 농사를 지으면서 정착 생활과 더불어 늘어난 생산량으로 비만해지기 시작했습니다. 또한 현대에는 가공식품과 패스트푸드 등을 즐겨먹음으로써 건강치 못한 식습관으로 인해 건강에 악영향을 초래하고 있습니다.

『운명을 만드는 절제의 성공학』의 저자이자 17세기 일본의 관상학자인 미즈노 남보쿠는 극적인 삶을 살았습니다. 그는 운명을 공부해야겠다고 결심하고 전국을 돌아다녔습니다. 처음에는 미용사의 제자가 되어 3년간 사람의 얼굴 모양을 연구했습니다. 그다음 3년은 목욕탕에서 일하며 사람의 몸을 관찰했고, 마지막 3년은 화장터에서 일하며 죽은 사람의 골격을 연구했습니다. 9년간의 관찰 수업은 미즈노 남보쿠를 관상가로 거듭나게 했습니다.

그가 말하는 성공의 비결은 '절제'입니다. 그리고 절제가 필요한 것이 바로 '식사'입니다. 그는 절대 배부르게 먹지 말라고 조언합니다. 복팔분 즉, 배를 8할만 채운다는 생각으로 음식을 먹을 것을 권하며 이렇게 말합니다.

> "자신이 성공할 것인가를 알고 싶다면 먼저 식사를 절제하고, 이를 매일 엄격히 실행해 보면 됩니다. 만약 이것이 쉽다면 반드시 성공할 것이고, 그렇지 않다면 평생 성공할 수 없다고 판단하면 됩니다. 식사를 절제할 수 있는 사람은 모든 것을 절제할 수 있습니다. 식사를 절제하는 것은 마음에 안정을 주고 몸을 보살피는 근본입니다. 그래서 스스로 흔들리지 않습니다. 출세가 준비되지 않은 사람은 식사를 절제하려 해도 쉽지 않습니다. 안타까운 것은 이런 사람이 세상엔 너무 많다는 것입니다. 그래서 성공하는 사람이 적은 것입니다."

미국 최고의 부자들은 월 스트리트의 거부들이죠. 그들 중에서 먹는 것에 탐욕을 부린 사람들은 거의 없습니다. 마틴 츠바이크 정도가 호화생활을 하며 번 돈을 유흥에 탕진해서 78세의 나이로 요절했을 뿐, 대다수의 부자는 워런 버핏이나 찰리 멍거처럼 절제된 삶, 균형적인 삶을 사는 이들이 더 많습니다. 먹고 싶은 대로 실컷 먹으면서 부자가 될 수 없다는 사실을 미국만큼 잘 보여주는 나라도 없습니다.

내가 '먹는 것'이 나의 '건강'을 결정하고 나의 '운명'을 결정합니다. 지금 당신이 무엇을 어떻게 먹는지가 당신이 부자가 될지 말지를 결정한다는 사실을 깨달으면 당신의 삶은 달라질 수 있습니다.

승려이자 명상가이며 평화운동가인 틱낫한은 "몸을 건강히 유지하는 것은 나무와 구름을 비롯한 우주의 모든 것에 대한 감사의 표시다."라고 말했습니다. 건강은 가장 큰 선물입니다. 내 몸에 경외심을 느끼고 자신의 건강을 돌보기를 바랍니다.

가치 밸런스 게임,
그리고 소피의 선택

　요즘 두 개의 질문 중 하나를 택해서 답하는 밸런스 게임이 인기입니다. 인생이 게임은 아니겠지만 비슷한 면이 있습니다. 인생도 어떤 선택을 하느냐에 따라서 달라질 수 있기 때문입니다. 우리의 인생은 선택의 연속입니다. 점심 메뉴에서부터 대학 전공, 직업 그리고 배우자 등등 수많은 상황에서 선택을 통해 인생은 전개됩니다. 그런데 인간은 '후회'하는 존재이죠. 그리고 우리는 대부분 자신이 한 일을 후회하지, 하지 않은 일을 후회하는 경우는 적습니다. 결국 선택을 잘해야 후회가 적고, 후회가 적어야 인생에서 행복을 느낄 수 있겠지요.

『소피의 선택』이라는 영화를 본 적이 있나요? 윌리엄 스타이런의 원작 소설을 영화화한 알란 J. 파큘라 감독의 이 영화는 당대 최고의 여배우 메릴 스트립이 출연할 정도로 유명한 작품입니다. 아우슈비츠 수용소에 갇힌 여자 주인공 소피는 유대인은 아니었지만 그녀의 가족은 폴란드 민족주의자였습니다. 아우슈비츠 수용소에서 유대인만 학살당한 게 아닙니다. 소련군, 집시, 그리고 히틀러가 점령했던 지역에서 반항하는 정치범, 그가 살려둘 가치가 없다고 판단한 독일인 장애인과 동성애자들도 가스실로 끌려갔습니다. 소피는 수용소에서 그녀에게 호감을 느끼고 있는 나치 장교와 친해집니다. 나치 장교는 그녀에게 너무나 고통스러운 선택을 제시합니다. 두 명의 자식 중 한 명은 살려줄 테니 그 아이를 택하라는 주문이었습니다.

소피는 울부짖습니다. 차라리 나를 가스실로 데려가라고. 그녀는 두 아이의 손을 꼭 잡고 있다 마지막 순간에 딸 아이의 손을 놓습니다. 영화에서는 그 이유가 드러나지 않지만 소설에는 그 이유가 적혀 있습니다. 아리안족처럼 파란 눈을 가진 아들은 독일인처럼 살아갈 가능성이 크다는 이유였죠. 아들을 딸보다 더 사랑하기 때문에 내린 선택은 아니었습니다. 전쟁이 끝나고 미국으로 건너간 소피는 알코올 중독으로 폐인이 됩니다.

48

세상에는 어려운 결정을 해야 하는 순간이 많이 찾아옵니다. 선택은 늘 괴롭고 어렵습니다. 어떤 결과가 다가올지 모르기 때문이죠. 이럴 때 고전은 예측 가능한 조언을 해줍니다.

『논어』에서는 '궁즉선窮則選'과 '선즉변選則變'을 말합니다. **'궁즉선'은 궁한 상태를 벗어나기 위해 선택을 해야 한다는 것이고, '선즉변'은 선택을 하면 목표를 이루기 위해 변화가 일어난다는 말입니다.** 궁한 상태를 벗어나기 위한 소피의 선택은 그녀를 폐인으로 만들었습니다. 물론 소피의 선택은 가장 극단적인 상황에서 내릴 수밖에 없는 결정이었습니다.

인생은 선택의 연속입니다. 공자는 단 네 글자로 선택의 방법론을 정리합니다.

공자가 말하길, 군자는 그릇이 아니다.

子曰, 君子不器.
자왈, 군자불기.

그릇이 선택의 기준이나 원칙과 무슨 관계가 있을까요? 『나는 불안할 때 논어를 읽는다』의 저자 판덩은 공자의 가르침을 미국의 경제전문가 나심 탈레브의 저서 『안티프래질』과 연관을 지어 해석합니다. 공자가 말하는 군자는 **안티프래질, 즉 더 단단한 그 릇이 되어야 한다는 것이죠. 군자가 되려는 자는 선택의 순간에 변하지 않는 안티프래질의 기준을 갖고 있어야 한다**는 것입니다. 군자의 기준에 근거해 선택한다면 후회를 최소화할 수 있습니다.

원칙의 고수가 얼마나 중요한지 잘 보여주는 곳이 바로 투자의 세계입니다. 투자의 세계에서 성공한 사람은 오직 본인이 고민하고 본인이 판단하는 사람입니다. 워런 버핏을 비롯한 투자의 대가들은 한결같이 말합니다. 깨지지 않는 투자의 철학을 고수하라는 거죠. 그런 면에서 워런 버핏은 군자다운 선택을 했던 사람이라고 볼 수 있습니다.

인생의 중요한 갈림길에서 **무엇을 선택하든 먼저 원칙을 정하고, 어떤 순간에도 그 원칙을 지키라는 것**이 바로 고전이 주는 교훈입니다.

SNS 시대에 타인의 시선은
지옥일까?

　우리나라 사람들은 타인의 시선을 많이 신경 쓰는 편이라고 합니다. 내가 고민하고 선택해서 그 결과에 책임을 지는 것이 인생이라면 이런 생각이 들 수도 있습니다.

　'내 마음대로 살면서 내 인생을 책임지면 되지 왜 남의 시선을 생각하면서 살아야 할까?'

　실존주의 철학자 사르트르는 이런 말을 한 적이 있습니다.

　　"타인의 시선은 지옥이다."

　사르트르의 말에 공감하는 사람들이 많습니다. 우리는 타인의 시선이 개인의 영역을 침범하는 SNS로 연결된 세상에 살고 있습니다. 자아는 인간관계 속에서 형성이 됩니다. 그리고 동양의 인간관은 인간을 사회적 동물로 간주합니다. SNS로 촘촘히 연결된 세상에서는 분리된 자아를 강조하는 서양적 자아관보다 동양적 자아관이 더 설득력을 얻을 수도 있습니다.

그러니 우리는 내 멋대로 살면 안 됩니다. 타인의 시선을 통해서 자신을 돌아보고 자신을 반성하며 발전시켜야 합니다. 이럴 때 우리에게 도움이 되는 유익한 문장이 『논어』에 있습니다.

> 공자가 말하길, "덕이 있는 사람은 외롭지 않으니 반드시 이웃이 있다."

> 子曰, 德不孤, 必有隣.
> 자왈, 덕불고, 필유린.

덕이 있는 사람은 다른 사람들을 인식하고 그들이 무엇을 원하는지 항상 관찰하며, 그들과 항상 공존하고 이익을 공유하려 합니다. 따라서 덕이 있는 사람은 외롭지 않고 나이가 들어서도 경제적으로 궁핍하지 않은 삶을 살 수가 있는 것이지요. 항상 타인의 시선을 의식하며 사는 건 피곤한 삶이지만 그렇다고 내 맘대로 사는 삶이 행복을 보장하는 것도 아닙니다. 타인과 떨어져 혼자만의 섬에서 사는 외로운 삶에 대한 경계입니다.

우리는 사회적 자아를 추구하면서 혼자만의 인생 살기에서 벗어나는 게 좋습니다. 내 주변에 누가 힘들지 않은지 항상 신경 쓰면서 사는 것은 나 자신이 불행하지 않도록 최선의 노력을 다하는 길과 통합니다. 공자가 말한 '덕불고 필유린'의 삶은 SNS에 적극적으로 글을 올리고 다른 사람의 글에 '좋아요'를 누르고 좋은 댓글을 달아주는 것과 맥이 상통합니다.

이 세상은 누군가에게 주는 만큼 누군가에게 받게 되어 있습니다. 그리고 오로지 주는 사람만 되어서는 안 되고 또한 받기만 하는 사람이 되어서도 안 됩니다. 우리는 주거니 받거니 하면서 살아야 합니다. 자기 삶을 독립적으로 살면서도 타인과 조화롭게 살아가라고 공자는 이야기합니다.

피타고라스는 고대 그리스의 수학자이지만 인생에 관해 멋진 말을 남긴 철학자이기도 합니다. 그는 **세상에서 가장 옳은 일이 '희생'이며 가장 아름다운 것은 '조화'**라고 했습니다. 물론 피타고라스가 한 말의 취지는 예술적이며 수학적입니다. 우주의 규칙성과 조화로운 구성이 예술적으로 아름답게 표현된다는 것을 강조하며, 수학적인 원리와 이론을 통해 이 조화와 규칙성을 인간은 이해하고 분석할 수 있다는 것을 시사합니다.

또한 이 말은 우리 주변의 모든 것들이 일정한 규칙과 조화로 구성되어 있다는 것을 상기시킵니다. 이를 통해 우리의 세상을 보다 아름답게 이해할 수 있습니다. 세상에서 성공하려면 세상을 제대로 이해해야 합니다.

이기적인 유전자의
사회적 진화 프로그램

『이기적인 유전자』를 쓴 진화생물학자 리처드 도킨스는 인간의 번식은 유전자를 존속시키기 위한 프로그램이라고 주장합니다. 유전자의 프로그램 때문일까요? 인간은 생존을 위해 누구나 자기 이익을 추구하기 마련입니다. 그래서 사람들은 서로의 이익이 충돌할 때 갈등을 겪게 됩니다. 나와 타인의 이익이 충돌할 때 사회는 어떤 기준에 따라 해결할까요? 바로 '정의'와 '공정성'입니다. 사회에서 공정성이 사라질 때 그 사회는 부패합니다.

공정성에 대해 고민한 철학자가 있습니다. 바로 맹자입니다. 맹자의 경전 제1장에서 가장 먼저 등장하는 한자는 바로 '의義'입니다. 맹자가 말하는 '의'는 쉽게 '정의'라고 볼 수 있습니다.

맹자가 양 혜왕을 만나자, 왕은 "노사께서 천 리를 멀다 아니하고 와 주시니, 우리나라에 이익을 줄 방도가 있으십니까? 라고 묻자,

맹자가 대답하기를 "왕께서는 왜 이익을 말씀하십니까? 오직 인의가 있을 뿐입니다. 왕께서 나라의 이익만 생각하면 대부들은 어떤 방법으로 내 집을 이롭게 할 것인가에만 생각하고, 선비나 백성들 또한 오직 자신의 이익만 생각할 것입니다. 윗사람이나 아랫사람 모두 각자의 이익만 취한다면 나라는 위태로워집니다. (중략) 왕께서는 오로지 인의만 말씀하셔야지 왜 이익을 말씀하시는 것입니까?"

孟子見梁惠王 王曰, 叟不遠千里而來, 亦將有以利吾國乎?
孟子對曰, 王何必曰利, 亦有仁義而已矣 王曰 何以利吾國, 大夫曰 何以利吾家
士庶曰, 何以利吾身, 上下交征利以國危矣 (중략) 王亦曰仁義而已矣 河必曰利
맹자견양혜왕 왕왈, 수불원천리이래, 역장유이리오국호?
맹자대왈, 왕하필왈리, 역유인의이이의 왕왈 하이리오국, 대부왈 하이리오가
사서왈, 하이리오신, 상하교정이이국위의 왕역왈인의이이의

하필왈리

맹자는 '인'과 '의'를 동시에 강조하고 있지만 무게 중심은 뒤에 있습니다. 공자는 '인'을, 맹자는 '의'를 강조했죠. '인'이 개인적인 덕목이라면 '의'는 바로 사회적인 가치입니다. 맹자는 '의'가 아닌 이익을 추구할 때 사회에서 어떤 일이 벌어지는지 예견했습니다. 모두가 같은 이익을 추구하면 결국 모두가 손해를 보는 세상이 올 수 있음을 맹자는 경계합니다. 사람들은 각자 이익을 추구합니다. 국가는 많은 사람의 이익을 조율하고 조정하는 협의체입니다. 그래서 국가는 '의'를 추구해야 하는 것입니다.

한 국가의 경계를 벗어나 국제 관계에서도 '의'는 매우 중요합니다. 러시아의 우크라이나 침략 전쟁을 생각해 볼까요? 러시아의 푸틴 대통령은 철저하게 자국의 이익을 위해 독립국인 우크라이나를 침공했습니다. UN은 러시아의 침공을 규탄하고 미국을 중심으로 전 세계 여러 나라가 러시아 제재에 참여했습니다. 국제 사회가 '의'를 추구하지 않으면 강한 나라가 약한 나라를 공격해 속국으로 만드는 약육강식의 세계가 도래합니다. 우리는 그러한 예를 과거의 역사를 통해서도 보았습니다. 2차 세계대전을 일으킨 히틀러는 수많은 유대인의 생명을 빼앗았죠.

우리 사회에서도 정의와 공정성의 가치가 화두에 오르곤 합니다. 우리나라 국민들은 특히 아빠 찬스와 엄마 찬스를 이용해 자녀 교육에 특혜를 준 사실에 분개했습니다. 정의가 훼손된 사회는 가진 자와 못 가진 자로 양분화시켜 사회 통합을 저해하고 분열시킵니다. 우리 사회가 지금 그럴지도 모르겠습니다.

우리는 각자 자기 이익을 추구하면서 동시에 사회에서 공정성과 정의의 가치가 훼손되지 않게 노력해야 합니다. 맹자는 이기적인 유전자를 가진 인간이 사회에서 조화롭게 살기 위해서 '의'가 필요하다고 이야기합니다.

죽음의 수용소에서
살아남은 자의 가치관

　사람의 인생은 생각이나 가치관에 따라 달라지기 마련입니다. 어떤 가치관을 갖고 사느냐에 따라 재물이 많고 건강한데도 불행할 수 있고, 재물도 없고 병도 있지만 행복할 수 있는 게 우리의 삶입니다. 인생은 비교의 기준이 어디에 있느냐에 따라 행복과 불행이 결정됩니다. 내 비교 대상이 테슬라의 일론 머스크나 아마존의 창업자 제프 베이조스라면 그 누구도 불행할 수밖에 없겠죠. 그러나 아무리 불행해도 아우슈비츠에 갇혀서 죽음을 기다리던 히틀러 치하의 유대인보다 더 불행할 수는 없을 겁니다. 옛말이 그른 것 하나 없습니다. '행복은 남과 비교하지 말고, 불행은 남과 비교하라'는 말은 언제나 진리입니다.

불교 『화엄경』의 핵심 사상인 '일체유심조'는 '모든 것은 오직 마음이 지어낸다'라는 뜻입니다. 삶이 고통스럽고 내 인생의 의미를 발견하기 힘들 때는 오스트리아 최고의 심리학자이며 신경정신과 의사인 빅터 프랭클의 『죽음의 수용소에서』를 읽어 보기를 권합니다.

빅터 프랭클은 아우슈비츠에서 살아남은 유대인입니다. 그는 아우슈비츠에서 부모와 남동생과 여동생 그리고 부인을 잃었습니다. 그의 첫 번째 아이는 히틀러를 추종하는 나치에 의해 강제 낙태되었습니다. 그의 어머니는 아우슈비츠가 문을 닫기 바로 직전에 죽었습니다. 빅터 프랭클은 너무나 슬퍼 자살을 결심했던 사람입니다. 하지만 그는 삶을 이어갔고 최고의 정신과 의사가 됐습니다. 무엇이 그의 인생을 바꾼 것일까요?

첫 번째 이유는 증오와 미움이 없기 때문입니다. 빅터 프랭클은 아무도 미워하지 않았습니다. 심지어 유대인들이라면 당연히 증오할 수밖에 없는 히틀러도 미워하지 않았습니다. 물론 그렇다고 해서 히틀러가 아무 잘못이 없다고 생각하는 것은 아닙니다. 그는 자신의 인생에 누군가를 증오하면서 마음에 독약을 뿌려 자신의 몸을 망치는 일을 하고 싶지 않았을 뿐입니다. 빅터 프랭클은 유대인이었지만 히틀러를 추종했던 게르만족도 증오하지 않습니다. 그는 히틀러와 그를 추종했던 독일인들이 자신과 자기 민족인 유대인을 강하게 만들었다고 생각했습니다. 빅터 프랭클은 니체가 말한 "자신을 죽이지 못한 것은 자신을 강하게 만든다."라는 말을 믿었습니다. 히틀러와 독일인 때문에 살아남은 유대인들은 더욱 강해졌고, 마침내 2000년 만에 자신들의 나라를 세울 수 있었습니다.

두 번째 이유는 어떤 순간에도 '의미'를 찾을 수 있었기 때문입니다. 인생에서 의미를 발견하면 아우슈비츠의 고통도 견딜 수 있다는 사실을 그는 잘 알았습니다. 빅터 프랭클은 자신의 수용소 경험을 살려 '로고테라피'라는 심리치료법을 개발했습니다. 이는 모든 사람에게 삶의 고통에서 견디는 힘을 주었습니다. 그는 자신의 괴로웠던 삶에서 어떤 의미를 찾았을까요? 『죽음의 수용소에서』의 한 대목입니다.

> "그때 한 가지 생각이 내 머리를 관통했다. 내 생애 처음으로 나는 그렇게 많은 시인이 자기 시를 통해서 노래하고, 그렇게 많은 사상가가 최고의 지혜라고 외쳤던 하나의 진리를 깨닫게 되었다. 그 진리란 바로 '사랑이야말로 인간이 추구해야 할 궁극적이고 가장 숭고한 목표라는 것'이었다. 나는 인간의 시와 사상과 믿음이 설파하는 숭고한 비밀의 의미를 간파했다.

'인간에 대한 구원은 사랑을 통해서, 그리고 사랑 안에서 실현된다.'"

인간의 고통은 '사랑'으로 치유될 수 있다는 사실을 그는 인간 이하의 삶을 살았던 수용소에서 깨달았습니다. 누군가를 사랑하면 그 사랑은 행복으로 전환됩니다. 현대인은 사랑을 너무 하지 않아서 문제입니다.

세 번째 이유는 인간의 '자유의지'에 대한 확고한 믿음입니다. 빅터 프랭클은 말합니다.

"히틀러는 나를 죽일 수는 있지만 내가 죽음을 받아들이는 태도까지 강요할 수는 없다. 히틀러가 아닌 신이 나에게 사형을 내릴지라도 내가 그 죽음을 어떻게 받아들일지는 순수한 나의 의지와 선택이다."

이런 선택이 인간에게 가능하다는 사실만으로도 그는 힘을 낼 수 있었습니다. 고통을 헤쳐나가는 큰 힘을 얻은 그는 마침내 수용소 생활을 이겨냈습니다.

국민 소득이 3만 5천 달러를 돌파하고 대한민국이 선진국이 되었다고 한들 대부분 사람은 대단히 고통스러운 삶을 사는 게 현실입니다. 그런 고통 속에서 '의미, 사랑, 선택의 자유'라는 세 명제를 기억하고 자기 삶에 적용할 수 있다면, 어떤 고통도 견딜 수 있는 게 인간이라는 점을 프랭클은 자신의 책과 수많은 환자의 치료 경험을 통해 증명하고 있습니다. 이것이 그의 책이 출간된 지 50년도 지나지 않아 고전 중의 고전이 된 이유입니다.

갈등의 가장 좋은 대처 방법은 '화和'입니다.
자기와 다른 가치를 존중하는 것이죠. 타인을 지배하고
자기 뜻을 강화하려는 자세에서 벗어나 사람과 사람, 문명과 문명,
나라와 나라의 차이를 인정하고 존중하는 것이
갈등을 해결할 수 있는 출발점이 되는 것입니다.

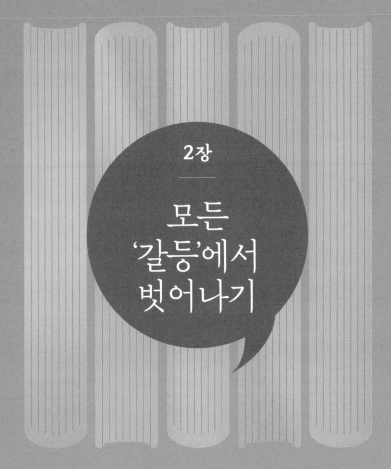

2장

모든
'갈등'에서
벗어나기

이 세상이 갈수록 살기가 어려워지는 이유는 개인과 사회에서 갈등이 증폭되기 때문입니다. 인간은 본래 늑대처럼 서로 싸우는 존재일까요? 지금 우리 사회의 모습을 보면 답이 뻔히 나오는 것 같습니다. 그러나 고전들은 갈등이 없는 삶을 일방적으로 강요하지만은 않습니다. 갈등은 필연적입니다. 갈등을 줄이고 긍정적으로 이용하는 방법들에 대해서 고전은 많은 것들을 알려줍니다. 『햄릿』, 『손자병법』, 『군주론』 등의 고전에서 알려주는 갈등에 대한 노하우를 파헤쳐 봅니다.

'다르다'와 '틀리다'는
다르다

 인간은 본능적으로 싸움과 대결을 좋아하는 종족입니다. 모든 인간은 킬러의 본능을 갖고 있고 잠재적인 사이코패스라고 주장하는 학자들도 있습니다. 『우리 안의 선한 천사』의 저자인 하버드대 심리학과 교수 스티븐 핑커는 인류는 원시 부족 사회에서부터 서로를 죽이고 싸웠지만, 핵무기를 개발한 이후 가장 전쟁이 적은 시기를 살고 있다고 합니다. 왜 그럴까요? 인간이 전쟁을 피하는 유일한 방법은 상대는 물론 나도 죽을 수 있다는 사실을 깨달을 때입니다. 핵무기는 승리가 아닌 공멸을 가져올 것임을 누구나 잘 알기에 역설적으로 핵전쟁이 일어나지 않는 것이라고 설명하지요.

인간은 무인도에서 로빈슨 크루소처럼 살지 않는 한 타인과의 갈등을 피할 수가 없습니다. 갈등은 때와 장소에 따라 다르게 나타나지만 궁극적으로 이유는 같습니다. **바로 너와 내가 다르기 때문입니다. '다르다'라는 말을 '틀리다'로 해석하면 어떻게 될까요? 나는 옳고 너는 틀렸다며 상대를 공격합니다.** 즉, '아시타비我是他非'가 되는 것입니다.

갈등이 첨예하게 드러나는 곳이 정치판이죠. 정치는 사람들 간의 갈등을 조정하기 위해 대화하고 타협하는 행위입니다. 그러나 현실은 아름답지 않습니다. 대부분의 정치인이 나는 옳고 상대방은 틀렸다는 자세로 상대를 공격하기 때문이죠.

17세기 영국의 철학자 토마스 홉스는 인간이 다른 인간과 갈등을 빚는 이유는 바로 인간의 '자기 보존에 대한 욕구' 때문이라고 생각했습니다. 그는 저서 『리바이어던Leviathan』에서 이렇게 말했습니다.

> "인간은 기계나 다름없다. 이 기계는 자기 보존의 운동을 통해 움직이거나 생명을 유지하게 된다. 인간은 더 높은 곳, 선 아니면 신을 향해 노력하는 존재가 아니다. 인간의 움직임은 인간을 움직이는 데만 기여한다. 인간은 천성적으로 자유의지가 없는 충동적인 존재다. 자기 보존 외에 인간은 다른 것

에 관심이 없으므로 인간은 항상 자기 자신의 이익만 생각하고 언제라도 부족한 재화를 얻기 위해 싸우고자 한다. 상상할 수 없는 가장 나쁜 경우인 자연 상태에서 인간의 삶이란 만인의 만인에 대한 투쟁이다. 삶은 고독하고, 불쌍하며, 거칠고, 동물적인 투쟁이다."

홉스에 따르면 모든 인간은 생존을 위한 기계입니다. 그래서 '사람은 사람에게 있어서 늑대'라고 그는 말합니다. 자신의 생존을 위해 어떤 일이라도 할 수 있다는 것이죠. 자신이 살기 위해서는 타인을 죽이는 일도 서슴지 않는 존재가 인간입니다. 그래서 인간들이 모여 사는 사회는 정글의 법칙이 적용됩니다. 오직 강한 자만이 살아남는 오징어 게임과 같은 세상이 바로 사회인 것이죠.

인간은 그래서 갈등 조절 기구로 국가라는 '리바이어던'을 만들었습니다. 성서에 등장하는 괴물인 리바이어던은 바로 '국가'를 뜻합니다. 국가는 물리력을 정당하게 행사할 수 있습니다. 사회의 질서를 유지하기 위해 경찰과 군대라는 폭력 수단을 사용하는 조직이 국가입니다. 사람들은 국가가 어느 정도 자신의 권리를 침해하는 것을 알면서도 더 큰 피해를 입지 않기 위해 국가의 존재를 받아들이는 것이죠. 즉, 최악을 피하기 위한 차선책입니다. 국가라는 사회계약은 이렇게 이루어진 셈입니다.

홉스는 국가를 거대한 유기체로 상상했습니다. 국가의 가장 높은 꼭대기에 왕이 있다고 생각한 홉스는 절대 왕정을 옹호했다고 합니다. 그는 모든 신하는 왕에게 충성을 바칠 의무가 있지만 그렇다고 왕은 모든 신하를 보살필 의무가 있는 것은 아니라고 보았습니다. 홉스가 활동하던 당시 영국은 왕과 시민 간의 치열한 갈등이 벌어져 결국 시민군이 왕인 찰스 1세를 단두대에 세워 인류 역사상 처음으로 왕을 처형한 나라가 되었습니다. 이런 상황을 우려하면서 쓴 책이 『리바이어던』입니다.

따라서 현재의 관점에서 홉스의 견해는 분명히 한계가 있을 수밖에 없습니다. 그러나 **인간 대 인간의 갈등이 사회를 움직이는 축이고, 이를 막기 위해 자신의 권력을 조금씩 특정인에게 위임해 질서를 유지한다는 원칙은 지금의 민주주의나 당시와 같은 권위주의 사회나 같습니다.**

인간이 홀로 살지 않는 한 다른 누군가와의 갈등은 필연적이고, 이를 해결하기 위해서는 국가와 사회가 필요하다는 홉스의 전제만큼은 시대를 초월한 진리임은 분명해 보입니다.

갈등을 대하는 우리의 자세

우리가 만인의 만인에 대한 투쟁을 해야만 하고, 인류의 역사가 갈등의 연속이라면 우리는 어떤 자세로 갈등을 받아들여야 할까요? 갈등은 인생에서 다양한 양상으로 나타납니다. 언쟁, 폭력, 소송, 이혼까지. 인생은 고비마다 만나는 갈등을 어떻게 대체하느냐에 따라 많은 것들이 결정됩니다. 장자는 갈등을 대하는 인간의 자세에 대해 이렇게 말했습니다.

> "남과의 차이를 인정하려면 선입견成心을 버려야 하고, 그 상태가 되려면 망각과 비움虛이 전제돼야 하는데, 이 모든 조건이 구비된 뒤에도 연결(소통)하려는 적극적인 의지가 없으면 궁극의 목표인 '소통疏通'을 이룰 수 없다."

타인과의 갈등은 '다름'을 인정하지 않기 때문에 발생합니다. 왜 사람들은 남과 다르다는 사실을 인정하지 않을까요? 그 이유는 자신의 생각과 다르기 때문입니다. 장자가 제시한 갈등의 처방은 바로 '연결'을 통한 '소통'입니다. **연결은 너와 내가 설사 다르다고 해서 관계를 끊지 않습니다. 다르다고 해도 얼마든지 조화롭게 공존할 수 있고, 너와 내가 연결되어 세상을 이루고 있다**는 기본적인 세상의 구성 원리를 받아들이는 것이죠.

장자가 생각한 갈등 해결의 궁극적 목표는 소통이지만 실천이 힘들다는 건 장자도 잘 알고 있습니다. 그래서 궁극의 목표라고 말합니다. 특히 대한민국의 거의 모든 정치인은 겉으로는 소통을 강조하면서 속으로는 부정하는 이중적인 모습을 보이고 있습니다. 소통이 이리도 어려운 이유는 바로 '다르기' 때문입니다. 그리고 그 다름을 '틀림'으로 규정하고, 그 틀림을 바로잡으려는 인간의 '욕심' 때문에 소통은 늘 요원하게만 보입니다. 다름을 차이로써 인정하고 고치려고 하지 말라는 가르침은 공자도 하셨습니다. 『논어』의 「자로」 편에 보면 이런 문장이 나옵니다.

　　　　공자가 말하길, "군자는 화목하되 부화뇌동하지 아니하며, 소인은 동일함에도 불구하고 화목하지 못한다."

　　　　子曰, 君子和而不同, 小人同而不和.
　　　　자왈, 군자화이부동, 소인동이불화.

　　동양 철학의 대가인 고(故) 신영복 선생은 저서 『강의』에서 공자가 말한 '화이부동'을 이렇게 해석합니다.

　　　　"군자는 다양성을 인정하고 지배하려고 하지 않으며, 소인은 지배하려고 하며 공존하지 못한다."

갈등의 가장 좋은 대처 방법은 '화和'입니다. 자기와 다른 가치를 존중하는 것이죠. 타인을 지배하고 자기 뜻을 강화하려는 자세에서 벗어나 사람과 사람, 문명과 문명, 나라와 나라의 차이를 인정하고 존중하는 것이 갈등을 해결할 수 있는 출발점이 되는 것입니다.

햄릿? 돈키호테?
그것이 문제로다

　인간이 살면서 만나는 갈등은 타인과의 갈등만 있는 게 아닙니다. 나 자신과의 갈등 즉, 내적 갈등 또한 빼놓을 수가 없습니다. 외적인 갈등이나 내적인 갈등 모두 고통이 수반됩니다. 고통이란 철저하게 개인적인 감정으로 타인과 공유하기가 어렵죠. 내면의 고통은 설령 가족이라도 제대로 파악하기 어려운 고통일 수 있습니다.

　이러한 내면의 갈등을 잘 그려낸 작품으로 『햄릿』을 들 수 있습니다. 『햄릿』은 셰익스피어의 희곡 중에서 영화로 가장 많이 제작된 작품입니다. 엘리자베스 1세 시대에 태어났던 셰익스피어의 작품이 20세기와 21세기에도 건재한 이유는 그의 작품이 영상의 힘을 빌려 다시 태어나면서 계속해서 독자들의 사랑을 이어갔기 때문입니다.

지적인 햄릿은 아주 복잡한 내면 심리를 가진 인물입니다. 아버지가 죽은 이유를 알게 된 햄릿은 복수할 것인가, 말 것인가를 놓고 치열하게 갈등합니다. 갈등하는 햄릿의 독백을 들어볼까요?

> "사느냐 죽느냐 그것이 문제로다. 포악한 운명의 화살이 꽂혀도 죽은 듯 참는 것이 옳은 일인가? 아니면 창칼을 들고 거센 파도처럼 밀려드는 재앙과 싸워 물리치는 것이 옳은 일인가? 죽는 것은 잠자는 것, 그뿐 아닌가?"

이 이야기는 사랑하는 약혼녀 오필리아는 물론 햄릿 자신까지 죽는 최악의 비극으로 끝납니다. 햄릿의 비극은 운명일까요?

갈등하는 인간은 대개 두 가지 방식으로 대처하는 경향이 있습니다. 햄릿처럼 조용히 내부로 삭이면서 혼자 고민의 시간을 늘리는 것입니다. 그러면 머릿속에서 하루에도 수백 번씩 행동할 것인가, 말 것인가를 놓고 고민하는 결정 장애의 함정에 빠져 버리죠. 마음의 지옥이 만들어지는 겁니다. 천국과 지옥은 죽은 뒤에 가는 사후 세계가 아닙니다. 중요한 선택의 순간이 마음의 지옥을 만들 수 있습니다. 이러한 내적 갈등은 현대사회로 접어들면서 더욱 커지고 있습니다. 햄릿이 시대를 초월해 사랑받고 있는 이유이죠.

내면의 갈등은 분노로 이어집니다. 분노는 적을 향해 휘두르는 동시에 자신도 해치는 양날의 칼이 되기도 합니다. 그러니 내면의 갈등을 햄릿처럼 푸는 방법은 스트레스를 불러오면서 수많은 질병의 원인이 되기도 합니다.

반면 햄릿과 달리 먼저 행동하다 큰 화를 겪게 되는 경우도 있습니다. 러시아 작가 투르게네프는 이러한 성향의 사람을 돈키호테형 인간으로 분류하기도 하죠. 돈키호테는 자신이 만들어낸 마음의 환상 속에서 죽을 때까지 내적 갈등 없이 행동부터 먼저 하는 유형입니다. 『돈키호테』의 시대적 배경은 중세와 근대로 넘어가던 시기였습니다. 그때는 돈키호테형 인간의 삶이 가능했을지 몰라도 지금은 그렇게 살기에는 사회가 너무나 복잡해지고 정교해졌습니다. 낭만적인 시대는 지나갔습니다. 돈키호테형 인간이 설 자리가 사라진 셈이죠.

햄릿과 돈키호테의 이야기를 균형과 융합을 중시하는 시각으로 바꾸면 햄릿형 돈키호테, 돈키호테형 햄릿이 얼마든지 가능하겠지요.

동양에서는 고정된 자아를 부정하고 상황과 맥락에 따라 유연하게 적응하는 주체를 강조했다는 점에서 서구보다는 갈등에 덜 노출된 삶을 살았습니다. 이때 중요한 것은 집중입니다. 상황이 더 중요해진 만큼 선택과 집중의 전략이 동양에서는 더 강조될 수밖에 없지요. 명심보감에 "일을 만들면 일이 생기고 일을 덜면 일이 준다."라는 말이 있습니다. 누구나 햄릿처럼 많은 고민 속에서 처리할 일이 산적할 수도 있고, 돈키호테처럼 행동부터 하면 해야만 할 일에 집중할 수 있으니 명심보감의 이 말은 때로는 햄릿처럼, 때로는 돈키호테처럼 살라는 말입니다.

　　도스토옙스키의 대표작 『죄와 벌』은 죄를 지은 주인공이 그 죄를 스스로 벌하려는 양심의 갈등을 겪는 이야기입니다. 살 가치가 없다고 생각한 전당포 노파를 죽인 라스콜니코프는 법의 심판을 받기 전에 이미 자신의 양심으로부터 벌을 받습니다. 후회, 자괴감, 단절감, 고독감과 소외감으로 그는 서서히 폐인이 되어갑니다. 라스콜니코프는 매춘부 소냐에게 고백하면서 구원을 받습니다. 믿을 만한 누군가에게 고백하는 것이 갈등 해결의 열쇠가 될 수도 있음을 도스토옙스키는 말합니다.

　　갈등이 증폭되는 세상에서 우리의 선택은 햄릿과 돈키호테의 중간 정도 지점에서 이루어져야 한다고 생각합니다. 적당한 수

준의 '책임감'을 느끼며, 어떤 선택이 내게 후회를 덜 줄 것인지를 고민한 후에 '행동'으로 옮기는 것입니다. 최고의 선택, 완벽한 선택은 어찌 보면 이론상으로만 존재하고 실제로는 존재하지 않을 수도 있습니다. 내면의 갈등이라는 고통을 피하기 위해서는 최선과 완벽을 추구하기보다 후회 없는 선택을 추구하는 삶이 가장 절실한 것이 아닐까 싶습니다.

'소크라테스의 변명'이라는
대화의 기술

인간관계에서 발현되는 차이점은 대화로 좁혀나갈 수밖에 없습니다. 그런데 대화로 문제를 해결하는 건 그리 쉬운 일이 아닙니다. 왜 그럴까요? 대부분의 갈등이 대화에서 시작되기 때문입니다. 대화 때문에 일어난 갈등을 대화로 풀기 어려운 것은 당연하겠지요. 『적을 만들지 않는 대화법』의 저자이자 비즈니스 커뮤니케이션 전문가인 샘 혼은 갈등을 대화로 풀 때 명심해야 할 것들을 다음과 같이 정리하고 있습니다.

첫째, 사소한 일인가? 이것 때문에 저 사람을 두 번 다시 보고 싶지 않은 정도인가?

둘째, 하루 스무 번 이상 반복되는 지속적인 일인가? 한 번으로 끝날 일인가?

셋째, 이미 충분한 신용을 쌓은 상태인가, 아니면 경솔한 사람으로 낙인찍힐 우려가 있는가?

넷째, 남들도 불만을 가지는 일인가, 당신 혼자만 불만인가?

다섯째, 상대의 행동은 의도적인가, 무의식적인가?

여섯째, 변화 가능성이 있는가? 아니면 변화 가능성이 전혀 없는데 매달리고 있는가?

갈등은 대화로 증폭되기도 하고 해소되기도 합니다. 대화로 갈등을 극한 상황으로 끌고 가는 경우가 바로 최후통첩입니다. 샘 혼은 최후통첩을 날리기 전에 반드시 자신에게 위와 같이 자문할 것을 조언합니다. 대화로 문제를 해결하는 게 아니라 더욱 증폭시키는 것은 아닌지 돌아보고 생각할 시간을 가져야 합니다. **상대의 행동에서 어떤 의도를 발견하기 어려울 때, 그리고 무엇보다 변화 가능성이 있을 때는 하고 싶은 말을 참고 넘어가는 것이 좋습니다.**

'소크라테스의 변명'으로 유명한 『플라톤의 대화편』에는 문제를 대화로 해결한 사례가 나옵니다. 잘 알려진 대로 소크라테스가 직접 저술하지는 않았으며 제자인 플라톤이 소크라테스의 철학을 정리한 것이죠. 소크라테스가 상대를 설득한 대화의 기술은 어떤 것일까요?

> "그런데 무엇 때문에 내가 이런 말을 하는지 생각해 보기 바랍니다. 그것은 즉, 나에 관한 악평이 어디서 생겼는지 이제부터 여러분에게 가르쳐 드리고 싶기 때문입니다. 그 신탁을 들었을 때, 나 스스로 이렇게 생각했습니다.
> '신께서는 도대체 무엇을 말씀하시려는 것이며, 그리고 무슨 수수께끼를 걸고 계시는 것일까? 왜냐하면 나는 큰일에서나 작은 일에서나 지혜로운 사람이 못 된다고 스스로 깨닫고 있기 때문이다. 신이 그런 나를 가장 지혜롭다고 한 말씀은 도대체 무엇을 뜻하며, 무슨 수수께끼를 걸고 있는 것일까? 설마 거짓말을 할 리는 없겠지. 신에게 그것은 있을 수 없는 일이니까.'"

소크라테스는 혹세무민의 죄로 아테네 시민들에게 고발된 상태입니다. 그러한 갈등 상황에서 그는 어떤 식의 대화로 위기를 돌파하고 있나요? 소크라테스의 대화술에서 배울 점은 두 가지입니다. **자신을 낮추면서 동시에 자신을 높이는 기술을 사용**하고 있습니다. 자신은 감히 지혜 있는 사람이 아니라면서 신탁의 힘을 빌려 지혜 있는 사람이라고 이야기합니다. 외부의 강력한 권위에 호소해 자신의 지혜 그리고 무죄를 항변하고 있습니다. 그래도 의심을 하는 사람들이 있을 겁니다. 예상되는 그들의 반론에 대해 소크라테스는 충분히 증거를 준비했습니다.

> "봐라, 나는 이 사람에게 정반대의 이야기를 기대했는데 너희들이 지혜로운 사람이라고 하는 사람조차 나를 지혜로운 사람이라고 인정하지 않았느냐? 그러므로 나는 무죄다."

도발적인 주장을 하는데 전혀 도발적으로 들리지 않습니다. 자신을 낮추면서 그리고 그만큼 상대를 높이면서도 자신의 주장, 즉 상대를 설득해서 문제를 해결하려는 자세를 잃지 않고 있습니다. 소크라테스의 산파술이 괜히 등장한 게 아니죠. 누군가에게는 소크라테스의 독설로 들릴 수도 있겠지만 소크라테스는 철저하게 다수를 생각하며 자기의 편으로 만들기 위해 자신의 강점인 대화술을 동원하고 있습니다. 자신의 화술이 상대를 설득하지 못하고 갈등을 증폭시킨다고 고민하는 이들은 이렇게 고전을 읽으면서 설득의 논리와 기술을 배워 보기 바랍니다.

세대 갈등을 바라보는
관점의 전환

　개인이 아닌 사회적 차원으로 갈등을 확장해 본다면 영남과 호남의 지역 갈등이 있을 것이고, 그다음으로 이념 갈등을 생각해 볼 수 있습니다. 분단이라는 한국의 특수한 상황에서 초래된 갈등이죠. 그리고 이 두 갈등을 뛰어넘는 엄청난 갈등이 있습니다. 바로 '세대 갈등'입니다.

　20대와 30대가 주축을 이루는 MZ세대, 40대인 X세대, 386세대인 50대의 갈등이 아주 첨예해졌습니다. 386세대가 보기에 MZ세대는 이기적이고 버릇이 없습니다. 반면, MZ세대는 윗세대가 꼰대 같고 위선적이라고 비판합니다. 좋은 시절에 태어나 학벌이나 학점과 관계없이 편안히 취직했고, 집값 상승으로 덕을 보면서 자신들은 도덕적인 것처럼 행동한다고 비판합니다. 세대 간 대립은 제20대 대통령 선거의 결과로도 나타났습니다. 이전까지는 주로 젊은 세대들이 민주당을 지지했지만 반대의 현상이 나타난 것이죠. 문제는 앞으로 세대 간의 갈등이 더욱 심화할 가능성이 크다는 점입니다. 세대 갈등은 물론 우리나라만의 문제점은 아니지만 이대로 방치해서는 안 됩니다. 서로가 서로에게 불만을 품고 겉으로 내색하지 않고 사는 건 시한폭탄을 끌어안고 사는 것과 다름 없습니다. 집안에서는 가장 가까운 부모와 자식이 갈등 관계에 있다면 이 또한 행복한 가정과는 거리가 멀 겁니다. 세대 갈등 문제의 해결은 정치인과 학자들의 몫이겠지만 개인 차원에서도 해결하기 위한 노력이 필요합니다. 헝가리 출신 독일의 사회학자 카를 만하임은 저서 『세대 문제』에서 이렇게 말했습니다.

"세대 갈등은 가장 나이 많은 세대와 가장 나이 어린 세대에서 심한 게 아니라, 서로 가장 인접한 '중간 세대'에서 심하다. 서로에게 가장 많은 영향을 미치기 때문이다. 이들이 협력하여 서로 적대적이지 않은 경우는 인류 역사 이래 없었다. 세대 문제를 이해하고 해결하기 위해서는 관점의 전환이 필요하다. 바로 세대 갈등이 그 사회에 역동성을 불어넣는다는 사실이다.

한 세대를 중심으로 다른 세대를 동화시키는 방향으로 세대 문제를 푸는 것은 그 사회에 도움이 되지 못한다. 나이가 많은 세대에 젊은 세대가 동화되고, 심지어 그들 스스로가 나이 들어 보이도록 노력하게 만들면 그 사회에 어떤 활력과 미래에 대한 희망이 남아 있을 수 있겠는가?

두 세대 모두 노력해야 한다. 세대 갈등을 긍정적으로 생각하고 나이 든 세대가 일상생활에서도 유연성을 발휘해 삶의 태도를 아직 형성하지 못한 젊은 세대에 귀감이 되어야 한다. 새로운 세대의 사고와 행동 방식은 그 사회에 꼭 필요한 변화를 불러올 수 있다. 변화에 따라 새로운 가치가 생기며 그 새로운 가치를 양 세대 모두가 공유하는 것이 좋다."

세대 갈등을 그 사회의 변화와 역동성의 리트머스 시험지로 여기자는 주장입니다. 세대 갈등은 사회가 역동적이라는 증거라는 것이죠. 일본은 우리보다 세대 갈등이 심각하지 않습니다. 이는 나라 전체가 나이를 먹고 활력을 잃어가고 있다는 증거죠. 우리는 세대 갈등을 긍정적으로 바라보고, 각 세대는 다른 세대를 이해하기 위해 유연성을 발휘해야 한다는 카를 만하임의 주장은 100년이 지나서도 우리의 귀감이 됩니다.

힘든 길이지만,
가야 한다면 가야만 하는 것

갈등을 해결하는 데 가장 좋은 자세는 '배려'입니다. 배려심이 많은 사람은 따뜻한 사람이죠, 배려심이 없는 사람은 이기심이 많은 사람입니다. 살면서 갈등을 덜 겪으려면 내가 사람을 가려서 만나면 됩니다. 배려심이 많은 사람과 같이 일하고, 배려심이 없는 사람을 피하면 되겠지요. 그런데 그게 참 어렵습니다.

첫 번째 이유는 내가 사람을 골라 만날 정도로 내게 주어진 여건이 그리 호락호락하지 않기 때문입니다. 또 한 가지 이유는 자본주의와 황금 만능주의가 심화하면서 배려심 많은 사람이 갈수록 줄어들기 때문입니다. 배려심이 많은 사람보다 적은 사람을 파트너나 상사로 만나기가 쉬운 세상입니다.

자본주의에서 살아남으려면 뼛속까지 자기 이익을 챙기는 이기주의자가 되어야 합니다. 이런 반론을 제기하는 이들도 있을 겁니다. 앞으로 우리 사회는 이타주의와 협력을 칭송하고, 이기주의자를 배격하는 상황으로 변화될 가능성은 없을까요? 글쎄요, 사회는 변할 수 있을지 몰라도 인간은 그렇게 쉽게 변하지 않습니다. 공자가 활약하던 춘추전국시대에도 군자라고 불리는 소수의 지식인 그룹을 제외한 소인들은 자신의 이익을 무엇보다 우선시했습니다. 지금도 마찬가지입니다. 다만 사회적 체면 때문에 노골적으로 드러내지 않고 있을 뿐입니다. 타인이 나만큼 중요하다는 것은 영원히 지켜지지 않는 사회적 규칙일 뿐이죠. 기본적으로 자본주의 사회는 구성원들 각자의 삶에 냉담합니다.

각자도생의 시대에 이기심과 탐욕은 더욱 늘어날 것입니다. 문제는 이렇게 되면 앞에서 살펴본 대로 토머스 홉스가 경고한 '만인의 만인에 대한 투쟁'의 세상이 도래할 가능성이 커지는 거죠. 이러한 세상에서는 모두가 패자가 될 수 있습니다. 나의 이익을 버리고 타인의 이익을 더 추구하는 수준의 배려까지는 아니더라도 내 이익을 위해 타인의 이익도 중시하는 수준에서의 배려는 사회 유지를 위해 꼭 필요합니다.

그렇다면 배려는 어떻게 만들어질 수 있을까요? 바로 역지사지易地思之입니다. 맹자의 「이루離婁」 편에는 이런 글이 실려 있습니다.

> 맹자가 말하길, "우와 후직, 안회는 모두 같은 길을 가는 사람으로 서로의 처지가 바뀌었더라도 모두 같게 행동했을 것이다."

> 孟子曰, 禹稷顔回同道 … 禹稷顔子易地則皆然
> 맹자왈, 우직안회동도 … 우직안자역지즉개연

'우'는 공자가 칭송한 중국 하나라의 전설적인 우임금을 말하고 '안회'는 공자가 가장 아낀 제자입니다. 우임금은 물에 빠진 이가 있으면 자기가 물에 빠진 것처럼 여겼습니다. 주나라 희씨의 조상인 '후직'은 농사의 신으로 불리는 인물입니다. 후직은 천하에 굶주리는 자가 있으면 자기가 배곯는 것처럼 생각했습니다. 후직과 우임금은 인심이 넘쳐나던 시대의 인물입니다. 반면 안회가 살았던 춘추전국시대는 난세의 시대였습니다.

서로 시대가 달랐지만 우와 후직, 그리고 안회는 똑같이 생각하고 행동했을 것이라고 맹자는 말합니다. 전쟁과 기근이 끊이지 않는 난세에 살았던 사람은 태평성대의 의미를 이해했고, 태평성대에 살았던 사람도 난세의 상황을 이해하면서 공감했기 때문이라는 것이죠.

역지사지가 되려면 상호 이해가 필요하고 공감이 뒤따라야 합니다. 이해와 공감이 없는데 어찌 역지사지할 수 있겠습니까? 역지사지가 어려운 이유는 돈이 전부가 되어 가는 세상에서 내 이익을 추구하다 보면 남의 이익을 침해할 수밖에 없는 현실 때문입니다. SNS의 홍수 속에서도 상호 소통과 이해가 점점 더 어려워지는 사회 분위기도 한몫을 합니다.

역지사지를 하려면 먼저 '겸손'해져야 합니다. 역지사지보다 뛰어난 배려의 방법은 없습니다. 가기 힘든 길이지만, 가야 한다면 가야만 하는 것이 인간의 운명이겠죠.

때로는 분노하라,
그러나 증오하지는 마라

갈등을 해소하는 데는 여러 가지 감정들이 필요합니다. 지금까지 긍정적인 감정들을 살펴보았다면 이번에는 부정적 감정들을 살펴보도록 하겠습니다. 증오, 분노, 질투, 화, 슬픔, 절망 등이 대표적인 부정적 감정입니다. 이 중 갈등과 관련이 깊은 감정은 '분노'와 '증오'입니다.

90세가 넘어서도 왕성하게 활동했던 작가 고(故) 스테판 에셀의 『분노하라』는 2008년 금융위기의 주범인 금융시장에 대한 반대 시위를 자극했던 책입니다. 분노는 불의에 대한 정당한 화로써 긍정적인 측면이 분명 있습니다. 분노는 잘못된 것을 바로잡아 갈등 상황을 해결하는 데 확실히 도움을 줍니다. 그러나 분노를 통제하지 못하는 분노조절장애는 주변에 있는 사람들, 특히 가족들에게 큰 상처를 주기도 합니다. 이런 극단적인 경우를 제외하고는 분노가 필요한 순간에는 분노를 표출하는 것이 갈등을 해결하는 데 도움이 되는 것입니다.

사마천이 쓴 『사기』는 동아시아 최고의 역사서입니다. 방대한 분량의 「사기열전」에는 분노에 관해 통찰을 주는 역사적 사건이 기술되어 있습니다. 바로 아버지 오사의 억울한 죽음에 분노했던 오자서의 이야기죠. 초나라 사람이었던 오자서는 아버지의 억울한 죽음 때문에 조국을 버리고 오나라 사람이 됩니다. 그리고 20년 만에 오나라의 재상이 되어 초나라를 무너뜨려 복수에 성공합니다. 사마천은 이렇게 말합니다.

"사무친 원한이 사람에게 끼치는 영향은 참으로 크다. 그는 작은 도의를 버리고 큰 치욕을 갚아 명성이 후세에까지 전해졌다. 모진 고초를 견디어 공명을 이룰 수 있었으니 장엄한 대장부가 아니면 어느 누가 이를 이룰 수 있었겠는가?"

오자서는 가슴에 야망이 아니라 분노를 품고 있었습니다. 분노를 적절하게 통제하고 자기 발전에 이용한다면 갈등 상황도 풀고 목표도 이룰 수 있는 긍정적 기능을 합니다. 군사 독재 시절 우리 국민은 분노했습니다. 그 분노는 어두운 시절, 살아남는 힘이 됐고 마침내 대통령 직선제를 실현해낼 수 있었던 원동력이 되었습니다.

하지만 증오는 분노와 다릅니다. 갈등 상황에서 증오의 감정은 그리 도움이 되지 않습니다. 그리고 증오는 증오받는 사람보다 증오하는 사람을 더 망치는 독소 같은 감정입니다. 내 마음의 독이 상대를 향해 증오를 표출하면서 자신의 마음을 더 상하게 만들기 때문입니다. 증오는 양날의 칼입니다. 헤르만 헤세는 『데미안』을 통해 증오가 갈등하는 상대뿐 아니라 자신도 망치는 나쁜 감정이라며 이렇게 표현했습니다.

> "우리가 누군가를 미워할 때 우리는 그의 형상으로 우리 안에 있는 것을 미워합니다."

누군가를 미워하면 그 미움의 대상은 상대방이 아니라 나 자신이 됩니다. 증오는 상대방을 혐오하면서 내면의 자신을 동시에 미워하는 자기혐오의 늪에 빠지게 합니다. 갈등 상황에서 증오는 갈등을 풀기보다는 갈등을 더욱 증폭시키는 결과를 초래합니다. 공정성에서 비롯된 분노가 갈등 상황을 긍정적으로 개선할 수 있는 것과 달리, 증오는 상대방과 나 자신을 망치는 감정이라는 사실을 명심해야 합니다.

가장 좋은 병법은 다툼 없이 승리하는 것

갈등이 극에 달하면 대화와 타협으로 문제를 해결하기 어렵습니다. 개인이나 국가는 결국 마지막 수단인 폭력에 의존할 수밖에 없습니다. 갈등을 해결하는 대표적인 폭력이 전쟁입니다. 서양에서 가장 많이 읽는 동양 고전은 『논어』가 아니라 춘추전국시대의 손무가 쓴 『손자병법』이라고 합니다. 〈전쟁의 예술Art of War〉이라는 제목으로 영화화될 정도였죠.

중국 제나라 사람 손무는 육군을 조직해서 초나라, 제나라, 진나라 등을 연이어 정복한 주인공입니다. 최고의 병법서인 『손자병법』은 아시아의 군주들뿐만 아니라 나폴레옹 같은 서양의 군주에게도 많은 영향을 미쳤습니다. 『손자병법』에는 '전쟁'에 관해 이런 내용이 나옵니다.

"전쟁이라는 것은 나라의 중대한 일이므로, 이해와 득실을 충분히 검토하고 시작하지 않으면 안 된다. 우선 나와 상대방의 우열을 분석하고, 이길 수 있는지 없는지를 분간할 일이다. 이때, 판단의 기준으로 삼을 것은 도道, 천天, 지地, 장將, 법法의 5가지 조건이다.

이들 조건을 비교 검토하여 승산이 있으면 싸울 것이요, 승산이 없다고 생각되면 싸움을 피할 일이다. 승산이 없이 전쟁을 시작하는 것은 어리석기 그지없다. 일단 전쟁에 임하면 반드시 이기지 않으면 안 된다. 이기기 위해서는 전쟁의 본질을 파악해야 한다. 전쟁은 시종 속임수이다. 어떻게 상대의 허를 찌를 것인가, 이것이 승패의 갈림길이다.

전쟁은 나라의 중대한 일이다. 국민의 생사와 국가의 존망이 걸려 있다. 그러므로 신중하게 검토하지 않으면 안 된다. 전쟁을 즐겨 하는 장군치고 큰 인물이 없다. 예로부터 명군이요 명장이라는 사람들은 모두가 군사행동을 신중히 하고 있다. 손자는 싸워서 이기는 것은 최하책이요, 싸우지 않고 이기는 것은 최상책이라고 하였다.”

전쟁을 판단하는 기준인 '도^道'는 백성과 군주가 일심동체인 상황을 말합니다. '천^天'은 시간적 조건이고, '지^地'는 지리적 조건입니다. '장^將'은 장수의 기량을 말하고, '법^法'은 군대에 관한 문제입니다. 이 다섯 가지 조건이 유리하다는 확신을 가졌을 때 전쟁을 시작해도 된다고 손자는 말합니다. 그리고 가장 좋은 병법은 전쟁을 안 하고도 승리하는 것입니다. 러시아의 푸틴도 승리에 대한 100% 확신이 없었다면 우크라이나를 침공하지 않았을 겁니다. 그런데 예상과 달리 러시아는 우크라이나의 완강한 저항을 만나 고전하고 있습니다. 마치 81년 전에 아돌프 히틀러가 승리를 확신하고 시작한 독소 전쟁이 스탈린의 완강한 저항을 만나 뜻밖의 고전을 겪고 결국 마침내 패전하는 것처럼 말이죠. 이런 면에서 히틀러나 푸틴은 분명 하수입니다.

전쟁도 일종의 정치이고, 정치는 갈등을 해결하기 위해 사회가 치르는 비용을 수반합니다. 사회적 비용 중에서 전쟁은 가장 큰 비용이죠. 전쟁은 갈등을 해결하는 하나의 방법이지만 전쟁이 끝나지 않고 수렁으로 빠지면 그 갈등은 더욱 증폭되고 심화할 가능성이 큽니다.

공자는 공부를 통해 원하는 것을 얻으니
그 대가로 기쁨이 따라온다고 말했습니다.
공부는 내가 원하는 것을 얻을 수 있는
가장 진실한 수단이 될 수 있다는 사실을 깨닫는 것이 중요합니다.
공부는 공자가 살았던 시대나 지금이나 그리고 미래에도
늘 위기를 기회로 만들어주는 수단인 것입니다.

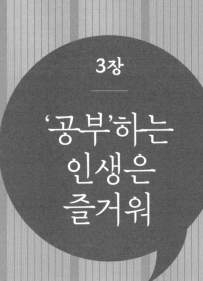

3장

‘공부’하는
인생은
즐거워

현대사회는 평생 공부해야 하는 시대입니다. 흙수저로 태어난 사람이 금수저가 되는 방법도 공부입니다. 옛것을 익히고 새것을 공부하며 배운 지식을 내 삶에 능동적으로 적용해야 합니다. 고전은 나의 가장 훌륭한 스승이 될 수 있습니다. 대학 입시가 아닌 평생 공부해야 하는 이유입니다.

온고지신일까?
지신온고일까?

공자가 말하길, "옛것을 익혀 새로운 것을 알면 스승이 될 수 있다."

子曰, 溫故而知新, 可以爲師矣.
자왈, 온고이지신, 가이위사의.

누구나 한 번쯤 들어봤을 『논어』의 한 문장입니다. 『나는 불안할 때 논어를 읽는다』의 저자 판덩은 공자의 말을 다음과 같이 해석했습니다.

"'옛것을 익혀 새로운 것을 안다'라는 구절에서 '익힌다'라는 의미의 '온溫'은 작은 불로 천천히 익히는 상황을 생각하면 된다. 공자는 자신이 가르쳐준 내용을 제자들이 천천히 이해하고 익힌 뒤 그 배운 지식과 경험을 사용해 새로운 것을 깨닫기를 바랐다."

'온고지신'을 단지 '옛것이 좋은 것이야'라고만 해석하면 공자의 뜻을 잘못 받아들이는 겁니다. '새로운 것을 안다'라는 것이 더 중요합니다. 온고지신은 모든 공부의 기본입니다. 공자의 온고지신은 "거인의 어깨 위에 올라타라"라는 뉴턴의 주장과 맥을 같이 합니다. 온고지신은 기본 전제가 있습니다. 인간의 삶은 언제 어디서든 비슷하다는 겁니다. 과학 기술은 급속도로 발전하고 있지만 인간 본성은 그리 달라지지 않았습니다. 따라서 현대 사회에서 발생하는 문제를 해결하기 위해 과거의 선조들이 어떻게 문제를 해결했는지 알아가는 온고지신의 자세야말로 지금도 매우 강력한 학습법입니다.

온고지신을 '옛것을 익힌 다음 새것을 익힌다'라는 공부의 '순서'로 이해하는 사람들도 있습니다. 역사를 비롯한 인문학을 공부한 후 경제학이나 과학 기술을 공부해야 한다는 주장이죠. 자유전공 학부에서 플라톤이나 아리스토텔레스 같은 서양의 고전을 공부한 뒤 대학원에서 실용적인 학문인 의학이나 경영학, 법학을 공부하는 미국의 교육은 온고지신을 정신적으로뿐 아니라 형식적으로도 받아들인 대표적인 교육 방식이라 할 수 있겠습니다. 삼성전자 이재용 회장이 서울대학교 동양사학과를 졸업했는데 그 이유가 삼성그룹의 창업자인 고(故) 이병철 전 회장이 먼저 역사를 공부하고 그다음에 경영을 공부하는 것이 맞는 순서라고 말한 일화는 너무나 유명합니다. 세상과 인간에 대한 이해가 선행돼야 인간과 사회가 처한 문제를 이해하고, 그 문제를 해결하는 능력을 키울 수 있다는 것이 이런 입장의 논거가 되고 있습니다.

한편, 반대로 생각하는 사람들도 있습니다. 인문학은 관점에 따라 견해가 다를 수 있습니다. 인문학의 큰 축을 이루는 문학의 경우 인간의 복잡 미묘한 감정을 이해하기 위해서는 어느 정도의 연륜이 필요합니다. 그래서 청소년기에는 수학과 과학 같은 자연과학 학문을 배우고 나이가 들어서 인문학을 공부해야 한다는 주장입니다. 이렇게 되면 '온고지신'은 '지신온고'가 되는 걸까요? 두 가지 생각 모두 일리가 있다고 생각합니다. 하지만 '지신'이 먼저든 '온고'가 먼저든 과거를 공부하지 않고 미래를 이해할 수 없습니다. 순서에 상관없이 미래를 살아가기 위해 과거의 지식과 지혜로부터 배우는 자세는 매우 중요합니다.

공부가 필요한 이유

대학을 졸업했다고 공부가 끝나는 것은 아닙니다. 취업이나 자격증을 따기 위해 공부해야 하는 시대입니다. 재테크에도 공부가 필요합니다. 코로나19 팬데믹으로 증시가 폭락했을 때 재테크에 관심 있는 사람들은 이를 기회로 생각해 주식 공부에 열을 올렸습니다.

세상에는 두 종류의 사람들이 있습니다. 금수저와 흙수저죠. 자본가와 노동자, 부르주아와 프롤레타리아라 불러도 상관없습니다. 그러나 세상은 절대 이분법으로 해석할 수는 없습니다. 흙수저가 영원히 흙수저로 산다는 보장도 없고, 금수저가 영원히 금수저로 산다는 보장 또한 없기 때문이죠. 세상의 변화에 빨리 적응하고 잘 대처하면 흙수저도 얼마든지 금수저가 될 수 있습니다. 흙수저가 금수저를 이기는 방법은 딱 하나입니다. 열심히 '공부'하는 겁니다.

공부만큼 솔직한 게 없습니다. 열심히 한 공부는 항상 좋은 결과로 이어지는 법이죠. 지금 같은 위기의 시점에서는 공부가 더욱 힘을 발휘합니다. '위기가 곧 기회'라는 인식은 바로 동양 선현들의 생각입니다. 공자의 역사책 『춘추』의 주석서인 『춘추

좌씨전』에는 '거안위사^{居安危思}'라는 말이 나옵니다. 뜻은 이렇습니다.

> "편안할 때 위기를 생각하라. 위기를 생각하면 대비하게 되고, 대비하면 환란은 피할 수 있다."

송나라 때 주희가 편찬한 제2의 논어 『근사록』에도 비슷한 말이 있습니다.

> "성인은 일이 잘 풀릴 때 더 경계해야 한다."

위기가 오는 순간이 흙수저에서 금수저로 변화할 수 있는 절호의 기회일 수 있습니다. **위기는 변화를 뜻하고, 변화는 새로운 가치를 만들며, 가치는 돈이 됩니다.** 변화에 적응하려면 변화의 방향을 알기 위해 독서와 공부가 필요합니다. 고전은 배움과 공부에 관한 가르침으로 가득 차 있습니다. 현재와 미래를 알기 위해 우리는 지나온 과거를 반드시 되돌아봐야 합니다. 인간의 역사는 반복되기 때문입니다.

『논어』의 처음도 공부에서 시작됩니다. 물론 우리는 공자가 살던 시대와는 다른 시대를 살고 있습니다. 하지만 공자의 시대가 중국 역사에서 최대의 난세였고, 구질서가 신질서로 대체되는 과도기이자 혼란기였다는 점이 중요합니다. 바로 위기가 기회였던 시대였죠. 따라서 공자의 가르침은 지금과 같이 변화의 속도가 빠른 현대사회에서도 가치가 있습니다.

공자는 '학이시습지, 불역열호^{學而時習之, 不亦悅乎}?' "배우고 때로 익히니 어찌 기쁘지 않으랴."라고 말합니다. 동양에서는 '학^學'을 전통적인 공부로, '습^習'을 실천적인 공부로 이해하는 경향이 있습니다. 선생님이 가르쳐 주신 것을 외우는 것이 '학'입니다. 그리고 **선생님의 가르침을 바탕으로 새로운 가르침을 얻는 것이 '습'입니다.** 공자는 공부를 통해 원하는 것을 얻으니 그 대가로 기쁨이 따라온다고 말했습니다. 공부는 내가 원하는 것을 얻을 수 있는 가장 진실한 수단이 될 수 있다는 사실을 깨닫는 것이 중요합니다. 공부는 공자가 살았던 시대나 지금이나 그리고 미래에도 늘 위기를 기회로 만들어주는 수단인 것입니다.

고전을 읽기 전에 해야 할
준비운동

저는 1년에 1,000여 권의 책을 읽고 300여 편의 리뷰를 쓰는 독서 전문가이지만 지금도 독서법 관련 책들을 보며 배우고 있습니다. 미국의 여성 작가 수잔 와이즈 바우어의 『독서의 즐거움』은 청소년에서부터 성인에 이르기까지 고전 독서를 시작하는 이들을 위한 가장 완벽한 지침서라고 할 수 있습니다. 고전의 즐거움을 이보다 더 논리적이고 설득력 있게 전개하는 책이 있을까요? 개인적으로 모티브 J. 애들러의 『생각을 넓혀주는 독서법』이후 최고의 독서법 책이라고 생각합니다. 이 책은 고전은 아니지만 고전을 읽는 가장 좋은 방법을 소개하고 있다는 점에서 이미 고전의 반열에 오른 작품입니다.

저자인 바우어 박사는 초·중·고 전 과정을 독학으로 공부했습니다. 그는 윌리엄 앤드 메리 대학에서 영문학, 종교학, 미국학을 전공해 박사 학위를 받았습니다. 졸업 후에는 모교에서 영문학을 가르치고 있습니다. 영어 외에 라틴어, 히브리어, 아랍어, 프랑스어, 그리스어 등을 자유자재로 구사합니다. 외국어 역시 책으로 독학했습니다. 700쪽이 넘는 방대한 분량의 『독서의 즐거움』은 소설부터 자서전, 시, 희곡, 역사, 과학에 이르기까지 소위 고전이라 불리는 책을 어떻게 읽어야 하는지 최대한 친절하고 쉽게 설명합니다.

고전 독서는 '훈련'입니다. 규칙적인 달리기, 명상, 발성 연습과 비슷하지요. 훈련을 위해서는 준비운동이 필요합니다. 『독서의 즐거움』은 바로 그 준비운동이 될 수 있는 책입니다.

그런데 왜 꼭 고전을 읽어야 할까요? 그 이유는 고전을 읽은 사람은 사실을 배우고, 익힌 내용을 분석하고, 의견을 표현하는 능력이 자연스럽게 형성되기 때문입니다. 독서가 바로 학습 과정이 되는 것이지요. 고전 독서는 저녁보다 아침 시간을 추천하는데 30분 일찍 일어나 그 시간에 고전 독서를 한 아이들은 학습력도 늘고 시간을 장악하고 관리하는 능력도 형성된다고 합니다.

그리고 연대기 순으로 읽는 체계적인 고전 독서법이 좋습니다. 아무 책이나 닥치는 대로 읽는 남독보다 학습에 도움이 되기 때문이지요. 어떤 분야의 기초가 되는 작품부터 시작해서 체계적으로 읽어나간다면 그 주제를 파악하기가 쉬워지는 것은 당연한 이치입니다.

『독서의 즐거움』에는 고전 읽기의 3단계가 소개되어 있습니다. 과학서 『프린키피아』를 예로 들어볼까요?

첫 단계는 '문법 독서'입니다. 가장 먼저 할 일은 '개요'를 읽습니다. 그 책이 무엇을 다루고 있는지를 어느 정도 안다면 어려운 과학서도 연관된 일련의 개념들이 머릿속에서 그려지면서 전체를 이해하는 데 도움이 됩니다. 그다음에 해야 할 일은 독자와 저자와의 관계에 대해서 정의해 보는 겁니다. 과학자가 다른 과학자를 위해 글을 쓰고 있는지, 일반인을 위해 글을 쓰고 있는지를 파악해야죠. 그리고 **책 본문을 읽을 때는 용어 노트를 준비해 책 속의 전문 용어와 진술 부분을 글로 옮기는 과정**이 필요합니다.

이런 단계를 거치면 2단계인 '논리 독서의 단계'에 접어듭니다. 책을 읽고 혼란을 느낀 부분을 집중적으로 다른 자료를 찾아가며 읽는 거지요. 자신이 힘든 문제를 작가가 어떻게 기술하고 있는지 약술해가면서 표현력과 이해력을 동시에 높일 수 있습니다. 이러면 지식의 심화와 확장이 동시에 이루어집니다. 책을 읽으면서 결론이라고 생각되는 부분은 밑줄을 긋고 그 부분을 역시 자신의 언어로 약술해 보는 훈련을 거칩니다.

마지막 단계는 '수사 단계'입니다. 자신의 의견을 정리해 보는 것이죠. '책을 읽고 나는 그 내용에 동의하는가?'라는 질문을 만들어 놓고 그에 대한 대답을 심사숙고해 보는 겁니다. 과학자들은 자신의 결론을 더욱 강조하고 쉽게 독자들에게 전달하고자 은유법을 사용합니다. 그 은유를 찾아 자신에게 되물어 보는 것도 마지막 단계에 포함됩니다. '왜 이런 비유가? 왜 이런 특별한 이야기가 등장했을까?'라는 화두를 잡고 자신의 최종 견해를 써 보는 거지요.

이것이 다가 아닙니다. 마지막으로 할 일이 남았습니다. 본질과 궁극적 목적에 대한 포괄적인 진술을 찾아보고 그것이 없다면 자신이 이 책을 통해 한 걸음 더 나아가 일반화시킬 수 있는 명제가 무엇인지 생각해 봅니다. 이것이 바로 비판적 독서와 창의적 독서를 결합한 궁극의 독서법입니다.

바우어 박사는 "고전 독서를 통해 자신이 듣고 있는 이야기의 신뢰성을 평가하는 기술을 배울 수도 있고, 오늘날 세계가 직면하고 있는 화급한 문제들에 대해 자신의 생각을 정리할 수 있게 도와주는 도구를 갖게 될 것"이라고 말합니다. 이렇게 중요한 고전 읽기가 수능 중심의 입시제도 때문에 교육 현장에서 사라지게 될 것 같아 염려가 되기도 합니다. 흔들리는 청소년 시기에 무엇보다 그들에게 필요한 것은 고전이 아닐까 싶습니다.

독서력과 독해력의 상관관계

독서는 평생 공부에 가장 좋은 공부법입니다. 공자만큼 책 읽기를 좋아했던 사람은 없었을 것 같습니다. '위편삼절韋編三絶'이란 사자성어를 들어보았나요? 옛날에는 종이 대신 대나무 조각을 묶어 책을 만들었는데, 공자가 죽간의 끈이 세 번이나 끊어질 정도로『주역』을 읽었다는 일화에서 비롯된 고사성어입니다. '위편삼절'이 독서에 임하는 자세를 말한다면 독서법은 어떠해야 할까요?

공자가 말하길, "배우고 생각하지 않으면 어둡고, 생각하고 배우지 않으면 위태롭다."

子曰, 學而不思則罔, 思而不學則殆.
자왈, 학이불사즉망, 사이불학즉태.

'배우고 생각'하라는 공자의 독서법은 한마디로 '사색하며 읽기'입니다. 책의 줄거리만 이해하는 독서가 아니라 내 생각과 비교해 보고 스스로 질문하는 독서법이죠. 저자 의견과 논리를 비판적으로 분석하는 것도 공자의 독서법이라 할 수 있습니다.

생각하고 배우지 않으면 위태로운 이유는 뭘까요? 배우지 않고, 즉 책을 읽지 않고 제 생각만 고집한다면 독단에 빠질 수 있습니다. 주식 투자를 예로 들어 봅시다. 주식 투자를 할 때 어떻게 해야 할까요? 시장의 흐름을 파악하는 법, 수요와 공급이 결정되는 법, 기업의 재무제표와 사업계획서 보는 방법들을 공부하지 않고 투자를 결정한다면 낭패를 보기 십습니다.

나이가 들어서도 경쟁력을 유지하는 비결은 독서력과 독해력을 키우는 것입니다. 독서력과 독해력은 비슷하면서도 조금은 다른 개념이죠. 독서력은 책을 읽는 능력이고, 독해력은 책을 읽고 책의 내용을 제대로 이해하는 능력입니다. 독서력이 좋으면 대개 독해력이 좋을 것이라 생각하는데 꼭 그런 것만은 아닙니다. 독서력은 책을 많이 읽으면 자동으로 늘어나는 능력이지만 독해력은 그냥 많이 읽기보다 여러 분야의 책, 그중에서 새로운 지식이 많이 포함된 과학 기술 책을 반드시 포함해서 균형 잡힌 독서를 해야 키울 수 있습니다.

일부 유튜버들은 책으로 지식을 습득하는 시대는 끝났다고 말하는데, 결코 그런 미래는 오지 않을 겁니다. 책이란 읽으면서 생각하고 고민하고 체화된 지식으로 만드는 힘이 있는 유일한 지식 매개체입니다. 지식과 지혜를 동시에 갖도록 돕는 매체가 책이라는 사실은 공자가 활약했던 춘추전국시대나 지금이나 그리고 미래에도 다르지 않습니다.

나의 스승은
누가 될 수 있을까?

　공자는 정치인이기도 했지만 무엇보다 훌륭한 스승이었습니다. 플라톤, 아리스토텔레스 등 서양의 철학자들 역시 대부분 정치인이면서 스승이었던 사람입니다. 그렇다면 가르치는 일과 다스리는 일은 일치할까요? 지금은 그런 경우가 전보다 적은 편이지만 옛날에는 정치인과 스승을 거의 동급으로 평가했습니다. '정교일치'의 사회였던 것이죠.

　지금은 정치와 교육이 분리된 세상이라고 할 수 있습니다. 또한 인터넷 강의나 유튜브 등 비대면 교육 미디어의 발달로 스승이 없이도 지식이 전달되는 세상입니다. 고전을 보면 이런 궁금증이 들 때가 있습니다. '고전의 지혜만큼은 스승을 통해서 전달

되어야 진정한 가치가 있는 것은 아닐까?' 예전이라면 거의 모든 사람이 스승이 꼭 필요하다고 말했을 테지만 지금은 어떨까요? 스승이 없어도 진정한 배움이 가능할까요?

중국 한나라 때의 설화집 『설원』에는 춘추전국시대에 살았던 고대 중국의 걸출한 현자 '곽외'에 대한 일화가 나옵니다.

> 연 소왕이 곽외에게 물었다.
> "우리나라는 땅이 좁고 인구가 적은데다 이미 제나라에게 여덟 개 성을 빼앗겼고 흉노마저 위협하고 있으니 나라를 어떻게 지킬지 걱정이오."
> 곽외가 말했다.
> "방도가 있기는 하나 왕께서 따를 수 있으실지 모르겠습니다."
> 연 소왕이 몸을 굽혀 말을 청하자 곽외가 대답했다.
> "황제의 신하는 그 명분은 신하지만 실제로는 군주의 스승입니다. 왕의 신하는 실제로는 친구이고, 제후의 신하는 손님입니다. 그리고 망해가는 나라의 신하는 실제로는 노예입니다. 지금 왕께서 오만한 눈빛으로 신하를 구하면 마굿간 일을 할 천한 신하밖에는 구할 수 없습니다. 만약 왕이 위엄으로 예를 갖추어 맞이하면 다른 나라의 신하가 찾아옵니다.

겸손한 얼굴빛을 하고 동등한 예로 선비를 구하면 친구가 될 인재가 옵니다. 왕이 겸손한 자세로 마음을 다해 현자를 구하면 스승이 될 인재가 찾아오게 됩니다."

그러자 연 소왕이 겸손한 몸짓으로 말했다.

"과인은 배우고 싶었으나 스승이 없었습니다."

곽외가 말했다.

"왕께서 진실로 도를 흥하게 하려면 청컨대 저를 천하의 지사로 삼아 주시기 바랍니다."

왕과 스승의 관계에 대해서 시사해주는 일화입니다. 알렉산더 대왕에게 아리스토텔레스가 있었듯이 모든 위대한 왕은 위대한 스승이 있었습니다. 공자는 위대한 스승이었지만 위대한 왕의 스승이 된 적은 없습니다. 춘추전국시대에 연나라는 고조선과 전면전을 치른 강성한 나라였습니다. 고조선은 연나라 군대의 공격으로 대동강으로 후퇴하죠. 연나라와의 전쟁으로 국력이 쇠퇴해진 고조선은 훗날 한나라의 한무제에 의해 멸망하게 됩니다.

위의 글에 등장하는 인물인 연나라의 임금 소는 우리에게는 악연의 인물인 셈이죠. 연나라 왕 소는 곽외를 스승이자 신하, 혹은 참모로 삼고 국력을 키우게 돼죠. 왕에게 필요한 것은 신하나 장수가 아니라 '스승'이었습니다. **지금도 부자들이나 성공한**

사람들은 좋은 멘토가 곁에 있는 경우가 많습니다. 그런데 좋은 스승을 만나기란 쉽지 않습니다. 여기서 스승이란 학교 선생님을 말하는 것이 아닙니다. **자신이 가고자 하는 길을 먼저 걸어간 인물은 누구든 스승이 될 수 있습니다.** 나이도 상관없습니다. 나보다 앞서 나간 모든 이들이 우리의 멘토가 될 수 있는 겁니다.

다른 한편으로는 챗GPT 시대에 과연 '스승이 필요할까?'라는 생각도 들 겁니다. 하지만 기술이 인간의 보조 인턴은 될 수 있을지언정, 그들로부터 우리가 좋은 영향을 받기는 아직 시기상조입니다. 문제의 답만 찾는 게 아니라 정신적 성숙에 이르기까지에는 아직은 인간적 존재로서의 스승이 필요합니다.

챗 GPT에게 인간을 가르칠 스승이 될 수 있냐고 물었습니다.

"저는 어디까지나 학습의 도구일 뿐입니다. 인공지능 기술을 활용하여 사람들이 더 나은 세상을 만들기 위해 지식과 정보를 습득하고 공유할 수 있도록 노력하고 있습니다."

아무리 인공지능이 발전해도 스승은 인간의 몫입니다.

새로운 기술 공부를 계속 해야 하는 이유

요즘은 고등학교 교육이 문과 이과를 통합시켜 진행됩니다.

인문학을 전공한 사람들도 컴퓨터 언어 즉, 코딩을 배우는 세상이기도 하죠. 인공지능은 문과든 이과든, 모두 반드시 공부해야 할 하나의 과목이 되었습니다. 흔히들 인공지능을 알고리즘으로 이해하는 분들이 많은데 정확히는 같은 뜻은 아닙니다. 인공지능은 알고리즘에 데이터와 시스템을 합친, 좀 더 넓은 범위의 개념입니다. 컴퓨터가 스스로 학습하는 머신 러닝, 비선형 변형 기법을 통한 딥 러닝 등의 세분된 공부가 필요합니다.

인공지능을 공부하기 위해서는 기술을 있는 그대로 보는 역량을 키워야 합니다. 이 문제를 진지하게 성찰할 때 도움을 주는 고전이 바로 『장자』입니다.

자공子貢이 남쪽의 초나라를 여행하고 진나라로 돌아오려고 한수漢水 남쪽을 지나고 있을 때 밭일을 하는 한 노인을 만났다. 노인은 땅을 파고 들어가 항아리로 물을 퍼 나르고 있었다. 밭에 물 주는 일이 너무 비효율적이라고 생각한 자공이 말했다.

"여기에 기계가 있으면 하루에 백 이랑도 물을 줄 수가 있습니다. 조금만 수고해도 효과가 큽니다. 당신은 그렇게 해 보실 생각이 없습니까?"

노인이 고개를 들어 그를 보며 말했다.

"어떻게 하는 거요?"

자공이 말했다.

"나무에 구멍을 뚫어 기계를 만드는 것이지요. 뒤는 무겁고 앞은 가볍습니다. 아주 쉽게 물을 퍼내는데 그 빠르기가 엄청납니다. 그 기계 이름을 두레박이라 부르지요."

노인이 순간 얼굴을 붉히더니 곧 미소를 띠며 말했다.

"나는 내 스승에게 들었소만, 기계가 있으면 반드시 기계를 쓸 일이 생기고, 그런 일이 생기면 또 반드시 기계에 사로잡히는 마음이 생겨나오. 그런 마음이 가슴 속에 차 있게 되면 순진 결백한 것이 없어지게 되고, 그것이 없어지면 정신이나 본성의 작용이 안정되지 않게 되오. 그러면 도가 깃들 수가 없다는구려. 내가 두레박을 몰라서 이러고 있는 것이 아니라오. 도道에 대해 부끄러워 쓰지 않을 뿐이오."

자공은 부끄러워 어쩔 줄 모르며 고개를 숙인 채 잠자코 있었다.

잠시 후에 노인이 물었다.

"당신은 무엇 하는 사람이오?"

자공이 답했다.

"공구孔丘의 제자입니다."

노인이 말했다.

"당신은 널리 배워서 성인 흉내를 내며 허튼수작으로 대중을 어리둥절하게 만들고, 홀로 거문고를 타면서 슬픈 듯 노래하여 온 천하에 명성을 팔려는 자가 아니겠소. 당신은 바로 당신의 정신 작용을 잊고 당신의 육체라는 족쇄에서 벗어나야 도에 가까워질 것이오. 그대의 몸도 제대로 다스리지 못하면서 무슨 천하를 다스릴 겨를이 있겠소. 빨리 가던 길이나 가시오. 내 일을 방해하지 말고…"

자공은 부끄러움에 얼굴이 창백해지고 정신이 황망하였다. 30리나 가서야 비로소 제정신이 들었다.

공자와 장자는 동양 사상의 양대 산맥입니다. 기술과 기계를 바라보는 관점에서 두 사상가는 정면으로 충돌합니다. 장자의 제자인 노인은 요즘 말로 하면 기계치가 되고, 공자의 제자 자공은 마이다스의 손이라고 부를 수 있겠습니다. 장자는 기술을 사용하면 인간은 그 기술의 노예가 될 수 있음을 경고하고, 공자는 기술을 이용해 인간은 진보하고 윤택한 삶을 누릴 수 있다는 견해입니다. 즉, 기계에 의존하지 않고서 기계를 이용할 수 있는 길이 반드시 있다는 견해죠.

우리에게 필요한 기술에 대한 관점은 바로 공자의 생각이라고 생각합니다. 물론 기술에 종속되면서 기술의 노예가 될 가능성이 분명 있습니다. 일론 머스크나 빌 게이츠 같은 세계적인 부자들도 그 점을 분명히 경계하고 있죠. 그러나 어디까지나 기술은 인간의 삶을 발전시키기 위한 도구라는 견해를 분명히 견지하는 한, 인간은 그 기술을 통제할 수 있다고 생각합니다. 하지만 만일 인공지능이 인간의 우위에 서게 된다면 그때는 장자의 견해가 필요할지도 모르겠습니다. 그러나 지금은 아닙니다. 따라서 인류를 발전시켰던 수많은 기술과 기계처럼 날마다 새롭게 발전 중인 인공지능을 공부할 필요가 있습니다.

매일매일 도전하는
새로운 삶

도전이란 두 글자는 청춘에게만 필요할까요? 미국의 전설적인 동기부여 전문가인 나폴레온 힐의 『성공은 도전하는 자에게 정복된다』라는 유명한 자기계발서가 있습니다. 그의 말이 맞습니다. 성공하려면 반드시 도전해야 합니다. 도전 없이 성공하는 경우는 거의 없습니다. 성공은 어느 날 갑자기 하늘에서 뚝 떨어지는 법이 없죠. 도전하고 실패하고 다시 도전하는 삶 속에서 성공은 찾아옵니다. 나폴레온 힐과 함께 미국에서 손꼽히는 자기계발 전문가인 데일 카네기도 도전을 강조했습니다.

카네기의 『자기관리론』에는 절망감에 빠져 자살을 생각했던 한 중년의 여성이 도서관에서 읽은 책 한 권을 통해 인생이 극적으로 변한 사례가 나옵니다.

> "현명한 사람에게는 매일매일이 새로운 삶이다"
>
> 전 이 구절을 써서 자동차 안에 붙여 놓고 운전할 때마다 되되었습니다. 사실 하루를 살아내는 건 그다지 어려운 일이 아니었죠. 전 과거를 잊고 미래는 걱정하지 않는 법을 배웠습니다. 그리고 매일 눈을 뜰 때마다 스스로 미소 지으며 말하지요.
>
> "오늘은 새로운 삶이다!"
>
> 그러자 더 이상 고독과 빈곤 때문에 고통받지 않게 되었습니다. 마치 새로운 사람으로 태어난 것처럼 매일매일이 즐거웠죠. 제 삶은 기대와 열정으로 가득 찼고 일은 순조롭게 풀려 갔습니다. 이제 저는 삶에서 일어날지 모를 어떤 문제도 두려워하지 않습니다. 미래는 아직 두려워할 필요가 없으니까요. 매일 하루씩 최선을 다해 살아가는 겁니다. 현명한 사람에게는 매일매일이 새로운 삶이거든요.

매일매일 새로운 삶을 살기 위해 고전 독서에 도전해 보는 것은 어떨까요? 삶의 활력소가 될 것입니다. '책 한 권으로 사람의 인생이 달라질까?'라는 의심이 들 수도 있겠지만 데일 카네기를 비롯한 수많은 동서양 고전의 저자들은 그럴 수 있다고 말합니다. 도전하는 공부는 삶의 활력소도 되어줄 수 있습니다.

자격증에 도전해 보는 것도 좋습니다. 저는 두 번의 자격증에 대한 도전으로 인생을 바꾼 경험이 있습니다. 인터넷이 국내에 처음 도입될 때 정보 검색사 자격증에 도전해 남들보다 정보화에 앞설 수 있었고, 그 결과 국내 일간지의 IT 전문 기자가 될 수 있었습니다. 또 다른 도전은 자산관리FP 자격증입니다. 오십의 나이에 저는 선물, 옵션, 부동산, 주식, 채권, 보험 등 금융상품에 대한 전문적인 지식을 쌓아가며 경제, 경영, 재테크 강사로 새 인생을 살게 된 경험도 있습니다. 제 인생을 업그레이드시키는 자격증 공부를 하면서 도전하는 삶의 가치를 깨달았습니다. 『논어』에 등장하는 '후생가외'라는 말은 바로 도전을 강조하는 말입니다.

공자가 말하길, "후생을 두려워할 만하니 장래가 지금만 못할지 어떻게 알겠느냐? 40, 50이 되어도 알려짐이 없으면 그 또한 두려워할 만한 게 못 된다."

子曰, 後生可畏, 焉知來者之不如今也? 四十, 五十而無聞焉, 斯亦不足畏也已.

자왈, 후생가외, 언지래자지불여금야? 사십, 오십이무문언,

사역부족외야이

'후생가외'는 뛰어난 후배나 제자들을 보는 놀라움을 말합니다. 저는 이 뜻을 후배 세대의 성장에 자극을 받아 40~50대도 그에 못지않게 분발하는 삶을 살라는 것으로 해석합니다. 50대도 노력하면 20대를 능가하는 멋진 삶을 살 수 있습니다. 새로운 것에 항상 열려 있는 자세로 매일매일 도전하는 삶을 살려는 자세가 중요합니다.

무엇에 도전할지 모르면 자신이 관심 있는 분야의 책 읽기부터 도전하라는 것이 고전의 답입니다.

후생가외를 넘어서는
공부의 기술

저는 인생을 위한 공부에서 가장 중요한 것은 '관찰력'이라고 말하고 싶습니다. **더 깊게는 다른 사람의 생각을 읽고, 세상의 모습을 살피고, 미래를 내다보는 통찰력입니다.** 이는 지금까지 배운 지식으로 얻을 수 있는 능력이 아닙니다. 통찰력을 얻기 위해서는 관찰력을 키워야 합니다. 『논어』, 「위정」 편에서 공자는 "극히 미미한 일을 잘 관찰하면 큰일에 과오가 없다."라고 말했습니다. 중국 진나라 재상 여불위가 주도해서 만든 최초의 백과 사전 『여씨춘추』에는 관찰력과 관련한 너무나 유명한 일화가 나옵니다.

후성자가 노나라 사신으로 진나라를 방문하면서 위나라를 지나게 되었다. 위나라에 사는 친구 우제곡신이 그를 위해 주연을 열어주었으나, 음악이 즐겁지 않았고 둘은 묵묵히 술만 마셨다. 주연이 끝날 즈음 우제곡신이 후성자에게 아무 말 없이 옥구슬을 건네주었다.

후성자가 진나라에서 일을 마치고 오면서 다시 위나라를 지나게 되었지만, 이번에는 우제곡신에게 들르지 않고 지나쳤다. 이에 그의 마부가 물었다.

"지난번에는 우제곡신 어른께 들러 연회를 함께 하시더니 왜 이번에는 그냥 가십니까?"

"그가 나를 위해 주연을 베풀어준 이유는 나에게 기쁨을 주기 위함이었고, 음악이 즐겁지 않았던 이유는 나에게 그의 걱정거리를 알려주기 위함이었다. 그리고 나에게 옥구슬을 준 이유는 무언가를 부탁하기 위함이다. 곧 위나라에 난리가 날 것 같다."

그들이 위나라를 30리쯤 지났을 때 위나라에서 반란이 일어나 우제곡신이 임금을 지키려다 죽었다는 소식이 들려왔고, 후성자는 곧 말을 돌려 우제곡신의 집으로 갔다. 그리고 그의 가족을 거느리고 노나라로 가서 자식들이 장성할 동안 돌봐주었다.

노나라 사람인 공자는 이 소식을 듣고 다음과 같이 후성자를 칭찬했다고 합니다.

> "지혜는 작은 조짐만으로도 앞날을 도모할 만하고, 어짊은 홀로 남은 가족을 맡길 만하며, 정직함은 가히 재물을 맡겨도 될 만하다는 말은 바로 후성자를 두고 한 말이다."

후성자는 연회를 베푸는 친한 친구의 얼굴에서 근심을 발견하고 친구의 가족을 지켜줄 수 있었습니다. 나이 들어서 젊은 사람의 본이 되려면 관찰력을 키우는 것도 하나의 방법입니다.

사람의 마음을 정확하게 읽는 방법은 없습니다. 미래를 정확하게 예측하는 방법도 없습니다. 그러나 미래는 알 수 없어도 미래의 계획 정도는 알 수 있다는 말도 있죠. **미래의 계획을 어떻게 알 수 있을까요? 바로 관찰의 힘으로 알 수 있습니다.** 관찰력은 독서로도 기를 수 있지만 인간관계에선 대화 시 상대방의 표정 변화를 유심하게 살펴보는 것도 도움이 됩니다. 공자는 『논어』, 「위정」 편에서 관찰력을 이렇게 설명합니다.

> 공자가 말하길, "그 사람이 하는 것을 보고, 그 동기를 살펴보고, 그가 편안하게 여기는 것을 잘 관찰해 보아라. 사람이 어떻

게 자신을 속이겠는가? 사람이 어떻게 자신을 속이겠는가?"

子曰, 視其所以, 觀其所由, 察其所安, 人焉瘦哉, 人焉瘦哉.

자왈, 시기소이, 관기소유, 찰기소안, 인언수재, 인언수재.

사람은 타인을 속여도 자신을 속이지는 못합니다. 공자가 두 번씩이나 반복해서 강조하는 이유는 본인의 경험과 지식이 합쳐져서 총체적으로 완성된 지혜이기 때문입니다. 상대방의 말을 액면 그대로 믿지 말고 상대가 말을 할 때 표정의 변화를 읽어내야 합니다. 사람은 필요하면 언제든지 거짓말을 하는 존재이기도 하지만 자기 자신에게는 거짓말을 하지 못합니다. 폴 애크먼 같은 표정 심리학자는 인간의 의지로 어쩔 수 없는 불수의근의 움직임을 통해서 속마음을 알 수 있다고 합니다. 상대방이 거짓말을 하는지, 속이려고 하는지만 알아도 큰 손해는 막을 수 있습니다.

은유와 비유를 통한
비판적 사고

요즘 세상은 기발한 아이디어만 있으면 크리에이터로 성공할 수 있고 작가로도 많은 팬을 거느리며 활동할 수 있습니다. 이런 일이 가능하려면 가장 필요한 것은 바로 자신이 관심이 있는 분야를 공부하는 것입니다. 그렇다면 크리에이터가 되기 위해서는 말하기 공부를 해야 할까요? 아니면 전통적인 글쓰기를 공부해야 할까요? 둘 다 하면 좋습니다. 이러한 공부를 할 때 공자는 말을 교묘하게 하고 얼굴빛을 꾸미는 '교언영색'하는 사람이 되지 않도록 경계해야 한다고 말합니다.

어떤 사람이 이렇게 말했다.

"가장 진실한 것은 화려하지 않고, 가장 절묘한 언사는 꾸밈이 없는 것입니다. 말은 간결하여야만 진정한 아름다움이고 서사는 간단명료하지만 명백합니다. 따라서 주옥이 적으면 보배이고 부스러기가 많으면 저열합니다. 성인의 7경(논어, 역경, 시경, 춘추, 악기, 예기)은 단지 삼만 자에 불과하지만 무슨 내용이든 포괄하고 있습니다. 지금 불경의 권수는 일만을 헤아리고 글자 수는 일억을 헤아려 한 사람의 능력으로는 능히 감당할 수가 없습니다. 그래서 저는 불경은 번잡하기만 할 뿐 핵심이 없다고 생각합니다."

모자가 대꾸했다.

"강과 바다는 서로 다른 길에서 흘러왔기에 물이 고여 깊고 넓어졌습니다. 오악은 낮은 산도 품었기에 높고 큽니다. 만약에 높이가 낮은 흑산을 넘지 못하면 절름발이 양도 정상에 오를 수가 있고, 깊이가 얕은 실개천보다 깊지 않으면 작은 어린아이도 헤엄칠 수 있습니다. 기린은 원유에 살지 않고 배를 통째로 삼키는 물고기는 몇 장 깊이의 시내에서 헤엄치지 않습니다. 삼 촌의 조개가 명월진주를 품으려 하고, 가시덤불 속에서 둥지를 트는 새가 봉황의 새끼를 낳으려고 하면 틀림없이 그것을 이루기 어려운 까닭은 왜이겠습니까? 작은 것은 큰 것을 품을 수가 없기 때문입니다.

불경은 옛날 억년의 일을 술회하고 앞으로 만세의 요점을 서
술하며, 아무리 넓은 바깥의 힘과 작은 안의 일일지라도 기
재하지 않는 것이 없습니다. 따라서 불교 장서의 권수는 일
억을 헤아리는 것입니다. 비록 한 사람의 힘으로 불경을 능
히 감당할 수 없을지라도 이것이 또 무슨 상관이란 말입니
까? 가령 한 사람이 강가에 나와 물을 마실 때 목을 넉넉히
축일 수 있다면 그만이지 그 밖의 물의 양이 구태여 무슨 상
관이란 말입니까?"

출처_모자의 『이혹론』

　모자는 단순 명료하게 세상을 정의하는 유교와 달리, 불교는
너무 말이 많고 난해하다는 비판에 대해서 그것은 불교의 특성
을 모르고 하는 이야기라고 최대한 정중하게, 그러면서도 날카
롭게 대답하고 있습니다. 불교의 세계가 얼마나 깊고 넓은지를
동물의 세계에 비유해 논증한 것이죠.
　이렇게 말과 글이 동시에 되는 책을 읽는 게 고전 공부에서 매
우 중요합니다. 상대방이 비유를 알아들을 수 있도록 말하는 것
을 글로 적으면 글쓰기 실력이 자연스럽게 늘게 됩니다.
　'비판적 사고'와 '비판적 글쓰기'는 글쓰기 실력을 가장 드라
마틱하게 변화시킵니다. 그리고 말하기 실력도 키울 수 있습니

다. 큰소리로 음독해 보세요. 친구와 같이 해도 좋습니다. 친구
가 묻고 내가 답하는 방식으로 모자의 주장을 따라 읽으면서 연
기에 도전해 보는 겁니다. 프레젠테이션 능력과 경험이 쌓이면
책의 내용을 갖고 유튜브 영상을 만들 수도 있습니다.

크리에이터와 라이터를 동시에 요구하는 이 시대에 고전 속
의 스타 달변가와 논변가들은 멋진 롤 모델들입니다. 이렇게 하
다 보면 글쓰기와 말하기 실력이 동시에 업그레이드될 것입니
다.

성공하기 위해 성공하는 습관을 갖추고 기다리다 보면
기회는 언젠가 '반드시' 옵니다.
좋은 습관을 가진 사람은 찾아온 운을 절대 놓치는 법이 없습니다.

4장

'습관'의
새로 고침

살면서 습관만큼 중요한 게 또 있을까요? 그리고 좋은 습관 들이기만큼 어려운 게 있을까요? 공자를 비롯한 그의 제자 증자와 안회, 그리고 철학자 니체와 경영학자 스티븐 코비 등은 어떻게 해야 좋은 습관을 몸에 익히고 나쁜 습관을 버릴 수 있는지에 대한 통찰을 들려줍니다. 고전 속에서 습관의 중요성과 어떻게 하면 최악의 습관인 중독을 피할 수 있는지 살펴보고자 합니다.

'수신제가치국평천하'는
결국 습관의 문제

공자가 말하길, "덕을 닦지 않는 것, 학문을 전수하지 않는 것, 의로움을 듣고도 옮기지 않는 것, 선하지 않은 걸 고치지 못하는 것이 바로 나의 걱정거리이다!"

子曰, 德之不修, 學之不講, 聞義不能徙, 不善不能改, 是吾憂也!
자왈, 덕지불수, 학지불강, 문의불능사, 불선불능개, 시오우야!

『논어』에는 습관과 관련된 공자의 가르침이 정말 많습니다. 공자 같은 성인들도 덕을 쌓고 누군가를 가르치고 정의를 실천하고 선한 행동을 습관화하는 일은 정말 어렵습니다. 잘못된 습관은 고치기도 어렵지만 좋은 습관을 몸에 익히는 일은 더 어렵습니다. 공자는 습관에 대해 이렇게 강조했습니다.

> "사람들은 비슷한 습성을 갖고 태어나지만 습관으로 달라진다."

습관이 중요한 이유는 사고가 습관을 만드는 게 아니라 습관이 사고를 만들기 때문입니다. 사람들은 무언가가 습관이 되면 편해집니다. 그러면 습관대로 살고 생각하고 행동하게 됩니다. 그런데 이처럼 지금까지 해 온 일들이 당연지사로 느껴지면 자기 삶에서 무엇이 문제인지 발견하는 비판적 사고가 마비됩니다. **비판적 사고의 마비는 무엇이 옳고 무엇이 그른지, 무엇이 내게 필요하고 무엇을 해서는 안 되는지 등에 대한 감각을 사라지게 합니다.** 지금까지 해온 그대로 길들게 되는 것이지요.

공자는 나쁜 습관을 없애는 방법보다는 좋은 습관을 어떻게 몸에 익힐지에 대해 강조합니다. 그가 강조하는 습관은 거창하지 않습니다. '생활 속 습관'이라는 말처럼 일상생활 속 습관은 작으면 작을수록 좋은 법이지요. 『논어』에서는 작은 습관의 중요성을 '군자무본君子務本'이라는 말로 표현하고 있습니다.

유자가 말하길, "그 사람됨이 효도할 줄 알고 공경할 줄 알면서 윗사람을 거역하기를 좋아하는 사람은 드물다. 윗사람을 거역하는 걸 좋아하지 않으면서 난을 일으키길 좋아하는 사람은 없다. 군자가 근본에 힘을 쓰는 것은 근본이 세워져야 도가 생기기 때문이며, 효도하고 공경할 줄 안다는 것은 바로 어짊의 근본이다!"

有子曰, 其爲人也孝弟, 而好犯上者, 鮮矣. 不好犯上, 而好作亂者, 未之有也. 君子務本, 本立而道生, 孝弟也者, 其爲仁之本與!
유자왈, 기위인야효제, 이호범상자, 선의. 불호범상, 이호작란자, 미지유야. 군자무본, 본립이도생, 효제야자, 기위인지본여!

유자는 공자의 3대 제자인 유악을 말합니다. '근본에 힘을 쓴다'라는 것은 기본에 충실하다는 뜻입니다. 작은 것에 충실해서 좋은 습관을 쌓으라는 것이죠. **효도를 습관화한 사람은 직장에서 윗사람과 갈등을 덜 빚고 우호적인 관계로 생산성을 발휘할 수 있습니다.** 공자는 인을 실천하라고 하기보다는 효도하고 공경하는 실천적 태도를 습관화할 것을 요구합니다. **습관은 이처럼 거창하고 묵직하기보다는 잘게 쪼개면서 각개 격파하는 전략으로 나아가야 내 것으로 만들 수 있습니다.**

어떻게 보면 유교에서 강조하는 '수신제가치국평천하'도 결국은 습관의 문제입니다. 나를 수련하고 가정을 다스리는 습관을 형성하면, 나라를 다스리고 천하를 평화롭게 한다는 인과관계로 해석할 수도 있습니다. 습관의 시작은 작을지언정 결과는 거대한 성취로 이어집니다.

인간적인 너무나 인간적인 습관의 힘

나쁜 습관, 즉 악습으로부터 어떻게 벗어날 수 있을까요? 니체가 『인간적인 너무나 인간적인』에서 한 말은 독설 같지만 울림이 있습니다.

> "악습-개념의 명료성이라는 면에서도 악습에 젖을 수가 있다. 그때 반투명하고 몽롱하며 분투적이거나 예감적인 자와 교제한다는 것은 얼마나 혐오스러운 일일까! 그들의 끝없는 날갯짓과 술래잡기와 그러면서도 날지도 잡지도 못함을 볼 때 얼마나 우습고 또 불쾌할까!"

니체가 본 인간이 악습에 빠지는 이유는 바로 그게 쉽기 때문입니다. 악습에 젖어 있는 사람들을 만나는 것만큼 고통스럽고 피를 말리는 게 없습니다. 나쁜 습관의 문제점은 그것이 얼마나 나쁘고 내게 부정적인가를 모르는 상태에서 악습을 반복하면서 상황을 더욱 나쁜 방향으로 끌고 간다는 사실입니다. 신을 우습게 보는 니체가 악습에 빠진 인간도 우습게 보는 것은 이해할만한 일입니다. 가까운 사람이 악습에 빠져 자신을 망치는 것을 보는 것만큼 고통스러운 것은 없습니다.

삶의 능동성과 역동성을 강조했던 니체는 악습에 빠져 허우적대는 사람들을 위해 어떤 조언을 했을까요? 우리는 신체를 긍정하고 의식을 노예로 본 니체의 관점에 주목해야 합니다. 니체에 따르면 습관은 신체적인 것이 아니라 의식적인 것입니다. 뇌에 깊숙이 박혀 있는 습관은 놀라울 정도로 끈질깁니다. 우리의 손이 담배를 피우는 것이 아니라 니코틴을 간절히 원하는 우리의 뇌가 담배를 피우는 거죠. 잘못된 습관은 인간을 노예로 전락시킵니다. 우리는 신체가 지닌 역동성과 반동성으로 좋은 습관은 받아들이고, 나쁜 습관을 물리치도록 노력해야 합니다. 이것이 니체의 해결책이라고 말할 수 있습니다.

『아주 작은 습관의 힘』의 저자 제임스 클리어는 나쁜 습관을 끊기 위한 두 가지 방법을 제시합니다. 첫 번째는 일기 쓰기입니다. 일기를 쓰면서 자신을 객관적으로 바라보는 연습을 합니다. 나쁜 습관이 나의 운명과 마찰을 빚고 있음을 서서히 깨닫게 될 것입니다.

두 번째 방법은 나쁜 습관을 그와 비슷한 다른 습관으로 바꾸는 겁니다. 일을 마치고 집에 들어와서 습관적으로 초콜릿이나 과자에 손이 갔다면 단 음식이 있던 자리에 과일을 놓아두는 건 어떨까요?

나쁜 습관의 가장 큰 문제는 중독성 때문입니다. 악습은 언제든지 다시 그 습관으로 돌아가려는 관성이 있습니다. 인간은 간사하여 끊임없이 자기 자신을 유혹하죠. '맞아, 그때가 좋았어. 다시 그때로 돌아가면 얼마나 좋을까?' 다이어트에 성공한 사람이 다시 폭식해서 살이 찌는 요요 현상이 전형적인 사례입니다. 이럴 때는 자신이 나쁜 습관과 결별하려 했던 근본적인 이유를 다시 한번 생각해 봅니다. 그래서 처음 나쁜 습관을 끊고자 했을 때 그 느낌과 이유를 적어놓는 것도 도움이 됩니다. 노트가 되었든 인터넷 메모장이 되었든 그 이유를 적고 의지가 약해질 때마다 다시 돌아보면서 나쁜 습관과 결별하는 것도 좋은 방법이 될 수 있습니다. 그리고 유혹에 흔들릴 때마다 자신의 시야를 넓혀서 먼 미래에 내가 얼마나 행복할지를 그려보는 것도 도움이 됩니다.

'오래된 습관은 없애기 힘들다^{Old habits die hard}'는 속담이 있습니다. 나쁜 습관과 결별하는 것은 절대 쉬운 일이 아닙니다. 악습과의 결별은 인생의 주인으로 살지를 스스로 결정하는 과정입니다. 나를 이기는 길은 나의 잘못된 습관을 이기는 것과 다르지 않습니다.

가장 필요하지만
실천하기 어려운 습관

　가장 필요하지만 실천하기는 어려운 습관은 '질문하는' 습관이라고 생각합니다. 중요한 것은 답이 아니라 질문입니다. 내게 주어진 질문이 무엇인지 정확하게 알면 답을 찾는 건 시간 문제죠. 『논어』는 질문의 힘을 잘 보여주는 책으로 제자들이 질문하고 공자가 답변한 내용을 모은 대담집입니다. 질문이 좋다 보니 공자의 답변도 훌륭했던 것이 아닌가 싶습니다. 이처럼 질문이 좋아야 답변도 좋습니다. 공자의 제자였던 증자는 자기 자신에게 매일 세 가지 질문을 던지며 스스로 반성했습니다.

　증자가 말하길, "나는 매일 세 가지로 자신을 반성한다. 다른 사람을 위해 일을 도모하면서 충실하지 않았는가? 친구와 사귀면서 믿음을 잃지 않았는가? 전수한 것을 익히지 않았는가?"

曾子曰, 吾日三省吾身. 爲人謀而不忠乎? 與朋友交而不信乎? 傳不習乎?

증자왈, 오일삼성오신. 위인모이불충호? 여붕우교이불신호? 전불습호?

매일 스스로에게 질문하면서 자기 삶을 되돌아보세요.

'다른 사람들과 함께 일할 때 진실함이 있었는가?', '친구에게서 신뢰를 얻었는가?', '내가 알고 있는 지식을 타인에게 전수하지 않았는가?' 증자는 이 세 가지를 자신에게 물어보며 발전적인 삶을 살려 했습니다. 사람은 살고 싶은 대로, 생각하는 대로 살아가게 됩니다. '그렇게 살아와서 그렇게 산다'라는 이야기는 유생들이 특히 경계했던 삶이었죠.

꼭 증자와 같은 세 가지 질문이 아니어도 좋습니다.

'나는 오늘 후회할 일을 하지 않았는가?', '나는 나의 행복은 물론, 타인의 행복을 위해서도 노력했는가?', '내가 이익을 추구하면서 사회적 가치 공공성을 훼손시킨 적은 없는가?'

좋은 질문은 비판적 사고의 능력을 키워 삶의 잘못된 점을 찾을 수 있도록 도와줍니다. 어제와 다른 오늘의 삶을 살 수 있는 것이 바로 비판적 성찰의 힘입니다. 유교만 비판적 성찰을 강조했던 것은 아닙니다. 불교 역시 질문의 습관화를 강조했습니다. 인도 고대의 수도승 마하 목갈라나는 다음과 같이 말했습니다.

> 그러므로 존경하는 스님들이시여, 수도승은 자신을 이와 같이 살펴야 합니다.
> '지금 나는 악한 의도를 가지고 있는가? 악의에 구속되어 있는가?'
> 만약 존경하는 스님들이시여, 수도승이 이와 같이 반조할 때 '나는 악의가 있고, 악의에 구속되어 있다'라고 한다면 스님들이시여, 이 수도승은 그러한 악을, 유의하지 못한 상태를 제거하기 위하여 분투해야 할 것입니다. 하지만 만약 존경하는 스님들이시여, 그 수도승이 '나는 악의가 없고 악의에 구속되어 있지 않다'라고 반조하였다면, 그는 희열과 기쁨을 가지고 유익한 상태에서 낮과 밤으로 부지런히 자신을 닦아 나가야 합니다.

목갈라나가 말한 '반조'는 되돌아보기입니다. 두 가지를 자신에게 물어보라는 거죠. '악의적 의도를 가지고 있는가?', '그 악

144

의에 내가 끌려다니지 않는가?' 즉, 스스로가 자신이 악의적 친구가 되어 가고 있는지 가장 잘 알고 있으니 반성하고 성찰해서 나를 바꿀 사람도 자신뿐이라고 말하고 있습니다.

불교는 유교보다 더 진실을 강조하는 경향이 있습니다. 행위의 의무성을 강조한 서양의 이마누엘 칸트와 달리 동양의 불교는 행위도 정당해야 하지만 행위를 한 의도도 자신에게 조금도 부끄럽지 않은 좋은 의도에서 나와야 함을 강조합니다. 불교는 도덕성의 외연이 다른 종교보다 넓으며 종교에서 말하는 가르침을 실천하기 위해, 즉 이를 습관화하기 위해 수련에 임해야 한다고 강조합니다. 이것이 바로 불가에서 말하는 행복에 이르는 길이기도 합니다. 혹자는 불교를 모든 욕망을 거부하고 고통을 벗삼아 수련하는 마조히즘적인 종교로 이해하는 경향이 있는데 그렇지 않습니다. 불교는 행복을 원합니다. 다만 행복에 이르는 과정과 방법이 공정하고 솔직해야 하고 타인에게 해로움을 주지 않아야 한다는 것이 불교의 가르침이죠.

챗GPT가 원하는 해답을 척척 찾아주는 시대에 중요한 건 '질문의 힘'입니다. 질문을 통해 인간은 미래를 예측하고 문제를 해결합니다. 고전을 읽으면 가장 성장하는 실력이 바로 질문을 잘하게 된다는 것 아닐까요?

부자와 가난한 자의
습관

세상에 부자가 되고 싶지 않은 사람이 얼마나 될까요? 부자되기는 수면과 비슷한 것 같습니다. 자려고 애쓰면 애쓸수록 잠이 달아나듯이 부자가 되려고 애면글면할수록 부자의 길은 더 멀어지는 게 아닌가 싶습니다. 부자가 되려면 우선 부자에 대해서 알아야겠죠. 아마존의 제프 베이조스나 테슬라의 일론 머스크, 워런 버핏 같은 100조 단위의 부자들은 우리에게 SF 영화처럼 비현실적인 인물 같고, 수십 억 원이나 수백 억 원대의 부자에 관심을 두는 게 그나마 현실적이겠죠. 『부자 습관 가난한 습관』의 공동 저자인 동기부여 전문가 톰 콜리와 투자 상담 전문가 마이클 야드니는 이렇게 말합니다.

"부자가 되려면 부자의 습관을 배워서 그대로 실천하면 된다."

　부자와 가난한 자의 습관은 뭐가 다를까요? 일단 '리스크'에 대한 태도가 다릅니다. 가난한 사람들은 두려움이 앞섭니다. 돈 벌 기대보다 손실을 볼지 모른다는 두려움이 더 큽니다. 그래서 과감한 투자를 두려워합니다. 그러나 부자들은 신중하게 판단한 후에 어떠한 결정을 했다면 빚을 지는 것을 두려워하지 않으며 다른 사람의 돈을 빌리는 것이 부를 증식시키는 가장 빠른 방법의 하나라는 점을 인식하고 있습니다. 또 한 가지는 '부에 대한 개념'이 다릅니다. 가난한 사람들은 땀 흘려서 번 돈, 즉 노동 소득을 부의 원천으로 생각하는 경우가 많습니다. 그러나 부자들은 일하지 않고 '돈이 돈을 버는' 시스템을 만들려고 노력하죠. 부자들은 인생을 대하는 태도도 가난한 사람들과 다릅니다. **부자는 인생은 흘러가는 게 아니라 내가 조종하는 것으로 생각하죠. 그들은 자신이 인생이라는 비행기의 조종사라고 생각합니다. 그러나 가난한 사람들은 승객의 처지에서 인생은 흘러간다고 생각합니다.**

　또 한 가지 결정적인 차이는 '부에 대한 태도'입니다. 가난한 사람들은 부자에 대한 기대가 큽니다. 부가 행복을 가져다준다고 착각합니다. 그러나 부자들은 부에 대한 태도가 현실적입니다. 부는 행복이 아니라 안정적인 삶을 가져다준다는 사실을 아는 거죠.

부자의 습관을 본격적으로 알아보겠습니다. 부자는 일찍 일어납니다. 저는 올빼미형 인간입니다. 하지만 부에 관한 책을 쓰면서 깨달은 사실이 있습니다. 올빼미형 인간 중에서 예술가는 나올지언정 부자는 절대 나오기가 어렵다는 사실이죠. 습관이 가난과 부를 나눈다는 거지, 부자와 가난한 사람의 팔자가 다른 것은 아닙니다. 여러분은 이런 궁금증이 들지도 모르겠습니다.

'정말 가난한 사람의 습관을 버리고 부자의 습관을 배워서 실천한다면 나도 부자가 될 수 있을까?'

부자들은 이렇게 대답합니다. 가난한 사람들은 '내가 부자가 될 수 있을까'를 의심하며 자신을 믿지 못하지만, 부자들은 자신을 믿는다는 것이죠. **부자가 되려면 부자의 습관과 부자의 사고방식은 물론 부자의 '믿음' 또한 배워야** 할 것 같습니다. 스펜서 존스의 『성공한 사람들의 일곱 가지 습관』에서는 부자들의 습관을 다음과 같이 말합니다.

"성공적인 인간은 실패자들이 하기 싫어하는 일을 기꺼이 하는 습관을 가지고 있다. 그들은 필요에 의해 해야 하는 일

148

을 좋아하지 않는다. 그 대신 싫어하는 일도 목적이 분명하면 수행한다."

평범한 사람과 부자들은 다릅니다. 하기 싫더라도 필요하면 하는 사람들이 부자인 거죠. 부자들에게서 배워야 할 습관은 한 가지 더 있습니다. 바로 그들의 '시간 관리' 습관입니다.

효과적인 시간 관리와 생활 관리의 핵심은 삶에서 소중한 것들의 우선순위를 균형 있게 설정하고 이에 따라 실천하는 것이다. 그 후에 나는 다음의 질문을 던진다. 만약 당신들이 다음의 세 가지 능력 중 가장 부족한 것이 있다면 그것은 어떤 것인가?

(1) 우선순위 결정 능력.
(2) 우선순위에 따라 준비하고 계획하는 능력.
(3) 우선순위의 실행계획을 수행하는 실천력과 자제력.

대부분은 실천력과 자제력이 부족하다고 말한다. 그러나 깊이 분석해 보면 그런 것 같지는 않다. 근본적인 문제는 자신이 만든 삶의 우선순위가 자신의 마음과 정신 속에 깊이 뿌리내리지 못한 데에 있다. 즉, 이것은 진정한 의미에서 습관을 내면화하지 않은 것이다.
-출처: 스펜서 존스의 『성공한 사람들의 일곱 가지 습관』

성공을 간절히 원한다면 부자와 성공한 사람들의 습관을 내면화하는 작업이 필요합니다. 그다음으로 **인생의 우선순위를 결정하는 능력을 키우는 것이 중요**하다고 말할 수 있을 것입니다. 습관은 힘이 셉니다. 습관의 힘을 부자가 되는 데 이용해 보세요.

다산 정약용은 "가르쳐서는 안 될 두 글자가 있다. 바로 소일消日, 그럭저럭 한가롭게 보내는 세월이다."라고 말했습니다. 그럭저럭 하루를 보내는 습관이 쌓이면 정말 그럭저럭인 인생을 살게 됩니다. 다산이 비판하고 걱정했던 삶은 습관에 젖어 하루하루를 보내는 그런 삶이었으리라고 생각됩니다.

우리 몸의 주인은
누구일까?

살아가면서 '습관적'으로 하는 일을 줄이고, '목적이 있는 행동' 비율을 늘리는 것도 필요한 작업입니다. 목적과 그 의도를 생각하면서 행동에 의미를 부여하는 사고에 의해 습관적으로 행동하는 일을 줄일 수 있습니다. 물론 좋은 습관은 더 잘 지켜나가야겠지요.

내가 어떤 길을 갈지를 결정할 때 습관의 의존을 줄이고 목적과 의도를 생각하며 행동할 때 우리는 습관과의 싸움에서 승자가 될 수 있습니다. 습관은 어디까지나 자신과의 싸움이니까요. 실용주의 철학자이며 심리학자인 윌리엄 제임스는 저서 『원리』에서 다음과 같이 말했습니다.

모든 교육에서 가장 중요한 점은 우리의 신경계를 적이 아닌 '협력자'로 삼아야 한다는 것이다. 그러기 위해선 우리에게 도움이 되는 행동을 가능한 한 빨리, 가능한 이른 나이부터 자동적으로 할 수 있도록 만들어야 한다. 습관이 없어 매 순간 결정을 내려야 하는 인간이야말로 가장 비참하다. 이런 사람에게는 담배에 불을 붙이고, 술을 마시고, 매일 아침 시간의 기상 시간을 정하고, 무슨 일이든 시작하는 것 모두 의지력을 발휘해야 하는 숙고의 대상이다. 이런 사람은 완전히 몸에 배어 거의 의식조차 하지 말아야 할 일을 결정하는 데 인생의 절반을 소비한다.

윌리엄 제임스가 보기에 습관은 우리 생활의 대부분을 차지할 정도로 힘이 막강합니다. 우리 삶은 습관으로 구성되어 있다고 해도 과언이 아닙니다. 그는 습관이 없다면 선택 장애로 인해 제대로 살 수 없다고 강조합니다. 그 정도로 중요한 게 습관입니다.

그에 따르면 눈에 드러난 습관은 전체 습관의 극히 일부분입니다. 우리가 아는 습관은 빙산의 일각이죠. 인간은 습관의 노예입니다. 습관이 주인이고 인간은 습관이 시키는 대로 움직이는 수동적 존재일지도 모릅니다. 하지만 또 습관이라는 주인이 없다면 우리 삶은 피곤해질 수 있습니다. 모든 선택은 더욱 힘들어지고 삶은 더욱 고민스러워지겠지요. 세상의 모든 것들이 그렇듯이 습관도 동전의 양면과 같습니다. 긍정적인 면과 부정적 측면이 동시에 있습니다. 습관적으로 생각하고 행동하면 시간을 줄일 수 있고 정신적 스트레스도 덜할 수 있죠. 반대로 습관에 너무 의존하면 정말 필요한 순간에 제대로 된 선택을 할 수 없게 됩니다. 습관은 일상적입니다. **행동뿐 아니라 사고도 습관의 산물입니다. 인간이 하는 거의 모든 행동은 목표나 의도보다 습관이 중요하게 작용한다는 것이죠.**

윌리엄 제임스는 습관의 힘이 막강하므로 이 힘을 역이용하라고 주문합니다. 습관을 협력자로 생각하라는 거죠. 같이 오래 산 부부라면 함께 추억을 공유할 때 행복한 결혼 생활을 영위할 가능성이 커집니다. 어떤 생각에 너무 집중해 정상적인 사회생활을 하지 못하는 사람들은 항상 자기에게 도움이 되는 방향으로 생각과 행동을 끌어내도록 유도해야 합니다. 무대 공포증이 있는 사람들은 어려워도 자주 무대에 오르는 연습을 하면 새로운 습관을 만들 수 있습니다. 습관도 컴퓨터 인공지능처럼 인간이 얼마든지 긍정적으로 사용할 수 있는 알고리즘일 뿐입니다.

인생의 '새로 고침'을 할 수 있는 습관인가

동양의 종교와 사상은 '좋은 습관을 가까이하고 나쁜 습관을 멀리하라'는 가르침을 상황에 맞게 변주합니다. 동양 사상 중에서 습관과 관련해 가장 큰 통찰을 얻을 수 있는 고전은 한비자의 '법가사상'입니다. 춘추전국시대 말기의 사상가 한비자는 법가의 창시자입니다. 법가는 춘추전국시대를 종식한 진나라의 국교가 되죠.

왜 법가가 올바른 습관을 형성하는 데 도움을 줄까요? 바로 법이란 좋은 습관을 개인은 물론 사회적으로 갖추도록 노력을 하는 자세 그 자체라고 말할 수 있기 때문입니다. 어떻게 보면 한비자는 『논어』의 단점을 보완해주는 사상가라고 할 수 있겠습니다. 『논어』는 인간의 의지가 중요하지 인간의 욕망은 전혀 고려하지 않았다는 치명적인 단점이 있습니다. 그렇다면 한비자는 인간을 어떻게 보았을까요?

장어는 뱀과 닮았고 누에는 나비 유충과 닮았다. 사람들은 뱀을 보면 소스라치게 놀라고, 나비 유충을 보면 질색하며 피한다. 그런데 어부는 장어를 맨손으로 잡고, 비단 짜는 부녀자는 누에를 아무렇지 않게 잡는다. 이익 앞에서는 대단한 용자가 된다.

『논어』가 제시하는 덕치는 이기심과 욕망에 사로잡힌 현대인들이 따르기에는 어려운 논리를 펴고 있다고 생각되기도 합니다. 성선설의 입장에서 사람의 기본적인 어짊을 믿기 때문에 자본주의 논리와 잘 어울리지 않는다는 지적도 있습니다. 인간이 선하고 어질면 인간을 규제하는 법이 필요 없을 거라는 거죠. 그러나 그런 시대는 인류 역사에 없었습니다. 한비자는 그런 면에서 가장 인간에 대한 이해가 높은 현실적인 사상가라고 볼 수 있습니다.

도덕적이지 않고 사리사욕을 채우는 인간들이 모인 사회가 도덕적일 수 있을까요? 한비자는 바로 이런 상황을 모순이라고 불렀습니다. 모순은 이론적으로 가능하지만 현실적으로는 불가능한 상태를 말합니다. 가령 정의, 공공성, 친환경 이런 개념이 모순적인 가치입니다. 내 이익을 추구하면서 타인의 이익을 추구하는 것은 이론적으로 가능한데 현실에서는 그럴 수 없습니다. 그래서 인간에게는 법이라는 습관이 필요합니다. 법은 좋은 습관 중의 으뜸이죠. 좋은 습관은 현실적으로 **자신의 이익을 추구하면서 타인의 이익도 존중하며 공존하는 자세**의 첫걸음이 될 수 있습니다.

한비자의 법가 정신을 오늘에 되살려 좋은 습관을 몸에 붙여 더불어 사는 사회를 만들려면 어떤 기준을 세워야 할까요.

첫 번째 기준은 '더 나은 삶을 위한 선택에 필요한 습관인가?'입니다. 자신이 습관적으로 하는 행동을 지속해야 할 것인지, 버려야 할 것인지를 결정하는 첫 번째 조건은 어떤 선택을 할 때 그 선택 때문에 후회하는 일이 없는 습관을 갖도록 노력해야 한다는 것입니다. 예를 들어 담배를 피우는 습관은 절대 좋은 습관이 아닙니다. 건강이 나빠진 후에 후회하면 늦습니다.

두 번째 기준은 '인생의 '새로 고침'을 할 수 있는 습관인가?'입니다. 인생은 다른 콘텐츠를 보기 위해 새로 고침 버튼을 누르는 것과 비슷합니다. 새로운 콘텐츠는 인생의 변화를 의미합니다. 이렇게 하는 것이 바로 인생의 '새로 고침'입니다. 변화하는 세상에 적응하는 데 도움을 주는 습관을 형성해야 합니다. 예를 들어 매일 글을 써서 자신의 블로그에 올리는 습관은 SNS 시대에 자기 경쟁력을 알릴 수 있는 아주 좋은 습관입니다.

마지막으로 '더 나은 삶을 위해 나아가도록 나를 끌어줄 수 있는가?'라는 것입니다. 새로운 습관을 형성할 때 이를 계기로 내가 경제적으로나 정신적으로나 더 좋아질 수 있도록 이끌어줄 수 있을지 확신할 수 있어야 합니다. 미래는 알 수 없기에 어떤 습관이 미래지향적인지 말하기는 어렵지만 그래도 노력해야 합니다. 좋은 습관인 줄 알고 열심히 실천했다가 아니라고 판단되면 결국 그 습관을 버려야 합니다. 더 나은 삶이 먼저 있고 그 삶 속에서 습관은 의미 있는 것입니다. 성공하기 위해 좋은 습관을 갖추고 기다리다 보면 기회는 언젠가 '반드시' 옵니다. **좋은 습관을 가진 사람은 찾아온 운을 절대 놓치는 법이 없습니다.**

쾌락과 고통은
일란성 쌍둥이다

우리 조상들은 습관의 중요성을 잘 알고 있었습니다. '세 살 버릇 여든까지 간다'는 속담은 습관의 끈질긴 속성을 말해줍니다. '든 버릇 난 버릇'도 마찬가지입니다. 한 번 든 버릇은 마치 타고난 천성처럼 바뀌기 힘들다는 말입니다. 습관의 중독성이 얼마나 강한지 알 수 있는 대목이지요.

중독은 나 자신을 잃어가는 과정입니다. 중독된 대상이 나를 지배하도록 만들기 때문입니다. 도박, 주식, 비트코인, 마약, 수면제, 담배, 알코올, 카페인, 초콜릿…. 중독의 대상은 순간적으로 도피와 쾌락을 주지만 그 이후에는 고통을 줍니다. SF 작가 필립 K. 딕의 미친 상상력의 비결은 주의력결핍장애ADHD 치료

제 암페타민이었다고 하죠. 중독성이 높으면 쾌락 이후에 찾아오는 고통도 그만큼 비례해서 커집니다.

『도파민네이션Dopamine Nation』의 저자 애나 렘키 스탠포드 의대 교수는 쾌락과 고통은 뇌의 같은 영역에서 처리되는 쌍둥이 감정이라고 주장합니다. 과학자들은 중독 가능성을 측정하는 보편적인 척도로 도파민을 사용합니다. 도파민이 많을수록 중독성은 더 커집니다. 즉, 쾌락이 강하면 고통도 큰 것이죠. 모든 쾌락의 대가는 고통입니다. 그리고 그 고통은 쾌락보다 더 오래가며 강합니다. 고통을 회피하기 위해 마약이나 약물에 의지해서는 절대 안 되는 이유이죠. 인간을 비롯한 모든 생명체는 즐거운 자극에 오랫동안 반복해서 노출되면 고통을 견딜 수 있는 능력이 감소합니다. 그리고 쾌락을 느낄 수 있는 우리의 기준점도 높아집니다.

중독의 위험성에 대한 혜안은 동양보다 서양 고전에서 많이 발견할 수 있습니다. 『도덕적 인간과 비도덕적 사회』의 저자 라인홀트 니부어의 짧은 기도문은 중독에 대한 명쾌한 해답을 제시하고 있는 것 같습니다.

"바꿀 수 없는 것을 평온하게 받아들이는 은혜와

바꿔야 할 것을 바꿀 수 있는 용기,

기도문의 제목은 '평온을 비는 기도'입니다. 미국 금주협회가 자주 인용하면서 유명해졌죠. 기도문에는 중독을 이기는 두 가지 방법이 제시되고 있습니다. 바로 '평온'과 '용기'입니다.

세상은 내가 바꿀 수 있는 것과 바꿀 수 없는 것 두 가지로 나눌 수 있습니다. 내가 언젠가는 죽는다는 것과 내가 금수저로 태어나지 않았다는 사실은 바꿀 수 없죠. 중독은 바꿀 수 없는 일을 피하려고 다른 대상을 탐닉할 때 생기는 마음의 질병입니다. 바꿀 수 없는 일을 받아들이는 자세는 마음의 평화입니다.

내가 바꿀 수 있는 것들은 어떻게 대해야 할까요? 중독이라는 현상도 대부분 내가 바꿀 수 있는 것들에 내가 끌려다니기 때문에 발생하는 일종의 질병입니다. 중독은 니부어가 말한 것처럼 '용기'로 이겨낼 수 있습니다. 담배, 알코올, 약물에 중독되는 이유는 다양하겠지만 가장 중요한 요인은 내가 이들의 유혹으로부터 나 자신을 지킬 수 있다는 용기가 없기 때문이죠.

중독이라는 악습에서 벗어나려고 노력할 때 우리에게 필요한 또 한 가지 덕목은 바로 거짓말의 유혹으로부터 나를 지키는 일입니다. 거짓말도 일종의 습관입니다. 거짓말을 하다 보면 더 큰 거짓말을 하게 됩니다. 인간을 '호모 거짓말쟁이'라고 말하는 사람들도 있습니다. 거짓말은 미봉책입니다. 거짓말로 문제를 해결하려고 하면 안 되는 이유는 거짓말은 문제에 대한 해결을 미루면서 문제를 더욱 키우기 때문입니다. 거짓말의 유혹을 이기는 방법은 진실의 힘을 믿는 겁니다. 『도파민네이션』의 저자 애나 램키의 다음과 같은 말은 지금까지도 진실이고 앞으로도 진실일 것입니다.

> "근본적인 솔직함은 의식을 고취하고, 친밀감을 높이며, 마음가짐을 여유 있게 만든다."

마지막으로 습관화의 단점인 감정의 무딤을 경계해야 합니다. 인간은 기분 좋은 일도 계속하면 일상의 일처럼 평범하게 받아들이게 됩니다. 즐겁고 신나는 일일수록 한 번에 하지 말고 간격을 두고 자주 끊어서 해 보세요.

덕을 베풀면 보답으로 돌아오는 게 인생입니다.
인생에서 성공은 타인이 나에게 빚진 게 많다는 느낌이 들도록 하는 일이라고도
생각할 수 있습니다. 상대가 고마움을 느끼면
그들은 지속적으로 나를 돕습니다.

5장
—
꽃을 피우는
'목표'

목표만큼 삶에서 중요한 것이 또 있을까요? 목표가 중요한지 모르는 사람은 없습니다. 하지만 실제로 목표를 정하고 삶을 사는 사람은 그리 많지 않습니다. 공자도 목표는 세우기도 어렵고 달성하기는 더더욱 어렵다고 말했습니다. 그래서 우리는 목표를 세워 달성한 성현들의 이야기에 귀를 기울여야 합니다. 미국 최고의 경영학자 피터 드러커와 삼국지의 제갈공명은 언뜻 보면 공통점이 없어 보이지만 목표 달성의 방법론에서 근본적인 통찰을 제시한다는 공통점을 갖고 있습니다.

질주가 필요한 순간 vs
쉬어야 할 순간

　목표만큼 인간적인 것이 있을까요? 인공지능이 절대 인간을 흉내 낼 수 없는 것이 바로 목표입니다. 인간은 목표를 의식하고, 목표를 추론하고, 목표 달성을 위한 수단을 생각합니다. 기계는 아무리 지능적이라도 자신에게 주어진 목표가 얼마나 숭고한지 가치가 있는 일인지 판단할 수 없습니다. 목표가 인간적인 이유는 목표가 사람을 행복하게 만들기 때문입니다.

　미국의 긍정심리학자 마틴 셀리그먼의 제자이며 『베스트 인생 목표 세우기』의 저자인 캐롤라인 애덤스 밀러는 '행복과 성공으로 가는 지름길'이 바로 인생의 목표라고 자신 있게 말합니다. 목표가 확실한 사람은 그 목표를 설사 달성하지 못하더라도 그것을 향해 달려가는 순간 행복할 수 있다는 것이죠. 목표를 향한 질주가 인생에서 꼭 필요한 이유입니다.

인생에서 지혜를 원하는 한 젊은이의 물음에 깨달음을 얻은 노인은 이렇게 말합니다.

> "매일매일 목표만 바라보며 달려가지만, 목표가 너무 멀리 있다고 생각할 때 가장 불행하다고 느꼈다네. 그 목표까지의 거리가 마음을 우울하게 만드는 거지. 그래서 사람은 누구나 더 멀리 가기 위해 쉴 수 있어야 해. 쉬지 못하는 사람의 한계는 정해져 있어. 우울한 마음을 갖고 어디를 간다고 해도 어차피 또다시 우울해지는 법이거든. 그 우울함이 찾아온 이유는 어떤 문제가 있어서 찾아온 게 아니라 쉬지 못해서 찾아온 것이라고 봐야 하지. 인생에서는 질주가 필요한 순간도 있고 쉼이 필요한 순간도 있는 법이라네."

여러분은 전문가인 캐롤라인 애덤스 밀러와 이름 모를 노인 중에 누구의 말에 더 신뢰가 가나요? 인생이 행복해지려면 목표가 필요할까요, 혹은 쉼 없는 목표는 오히려 불행의 씨앗일까요?

부자가 된 사람 중에는 '나는 나이 마흔까지 30억을 벌겠다.'

라는 것처럼 구체적인 목표를 갖고 실행한 사람들이 많습니다. 구체적인 목표는 분명 본인이 원하는 결과를 성취할 힘이 되어 주기 때문입니다. 그런데 때로는 목표 때문에 애면글면하고 스트레스를 받으며 고민하다가 결국 목표를 포기하게 되는 경우도 있으므로 적절한 조율이 필요할 거 같습니다. 이럴 때 공자가 말한 '중용'을 되새겨 봐도 좋을 것 같습니다.

> "중中이라는 것은 치우치지도 않고 기울어지지도 않고 지나
> 치거나 미치지 못하는 일이 없는 것이다. 용庸이란 평상의 뜻
> 으로 떳떳함으로 이해해야 한다."

'중용'은 '중화中和'로 해석하기도 합니다. 희로애락이 발發하지 않는 상태를 중中이라 하고, 발하여 절도에 맞는 것을 화和'라고 합니다. 중화 혹은 중용은 겉으로 감정을 드러내지 않고 어느 한쪽으로 치우치지 않은 균형 상태를 말합니다. 겉으로 감정을 드러내지 말아야 한다는 공자의 가르침은 자신의 감정을 대놓고 이야기하는 SNS 시대에 실천하기 어려운 가르침일 수도 있습니다. 그러나 어느 한쪽에 치우치지 않고 항상 떳떳하게 산다는 자세는 지금 이 시대에도 꼭 필요한 태도입니다. 목표지향적인 삶을 살면서도 목표에 자신을 희생하는 삶을 선택하는 것이 아니

라 자신과 가족은 물론 다른 사람들에게도 떳떳한 삶을 사는 것
입니다.

미래는 아무도 모르지만

목표를 이루기 위해서는 바늘과 실처럼 반드시 함께해야 하
는 동반자가 있습니다. 바로 '계획'입니다. 목표를 이루기 위한
계획은 치밀할수록 좋습니다. 자기 계발 분야에서 고전 중의 고
전으로 손꼽히는 『인간관계론』과 『자기관리론』의 저자 데일 카
네기는 목표와 계획의 중요성에 관해 다음과 같은 일화를 들려
줍니다.

> 부유하고 넉넉한 가정, 성공적인 사업, 건강하고 똑똑한 자
> 녀들…. 윌리엄과 마릴린 그래엄 부부는 사람들의 선망의 대
> 상이었다. 윌리엄과 오랜 친분을 유지해왔던 나는 '어떻게
> 성공할 수 있었나'에 관해 가르침을 청했다. 그의 대답은 이
> 러했다.
> "장기적인 계획을 세우고 끊임없이 노력하라."
> 그가 설립한 석유회사는 모범 경영의 바이블로 통했다. 언젠
> 가 마릴린은 내게 이런 말을 해주었다.
> "윌리엄은 한 가지 목표를 이뤄낸 뒤에 곧바로 새로운 목표

를 세워요. 그렇지 않으면 삶의 활기를 잃어버리니까요. 이
덕분에 끊임없이 독창적인 사업모델을 만들어낼 수 있는 것
같아요."

목표와 그것을 이루기 위한 '계획'의 중요성은 무엇보다 중요
합니다. 카네기가 활약했던 시기는 20세기 초반으로 지금으로
부터 100년 전의 일이지만 성공의 방정식은 변함이 없습니다.

목표는 성공입니다. 성공을 위한 계획은 장기적이어야 하며
끝없는 노력이 뒷받침되어야 합니다. 그리고 성공했더라도 성공
에 안주해서는 안 됩니다. 윌리엄 부부는 작은 성공 이후 리스크
를 안고 석유 산업으로 뛰어들었죠. '목표-계획-도전-성공-새
로운 도전'이라는 선순환을 만들어냈습니다.

가장 중요한 것은 목표입니다. 목표가 있는 삶은 살아 있는 삶
의 동의어기도 합니다. 함께 공동의 목표를 향해 달려갈 수 있는
동반자가 있다면 성공은 더욱 가까워질 수 있겠죠. 윌리엄 부부
는 계획을 세울 때 시장의 가능성을 타진하기 위해 노력했습니
다. 석유 산업은 20세기 초반 록펠러를 비롯해 많은 사람을 부
자로 만들어냈죠. 그러나 초반에는 불확실했습니다. 이 부부는
먼저 성공한 사람들을 철저하게 벤치마킹하고 분석해 사업의 밑
거름으로 삼았습니다.

계획은 불확실성을 확실성으로 바꿔주는 기능을 합니다. 미래는 아무도 모르지만 미래의 계획은 알 수 있습니다. 내가 생각하는 미래의 설계도를 계획하고 그에 맞는 실천력을 보여준다면 그 계획이 현실화될 가능성은 커집니다. 계획은 남들의 성공과 실패를 분석한 뒤 성공에 이르는 확률을 조금 더 높이는 방향으로 현실적이고 구체적이고 장기적으로 세우는 게 좋습니다. 그리고 유념할 것은 더 큰 성공을 위한 작은 실패는 필수라는 것입니다. 주식 시장이 지그재그로 움직이며 오르듯이, 성공도 수많은 실패 속에서 탄생합니다. 목표는 성공을 반드시 보장해주지는 않습니다. 다만 계획을 수반한 목표는 성공의 가능성을 더욱 높여준다는 사실을 꼭 명심해야 합니다.

싹이 돋았으나
꽃이 피지 않는 이유

『논어』에서 가장 자주 발견되는 단어는 '학문'과 '뜻'이라고 생각합니다. 학문에 대해서는 앞에서 자세히 살펴보았으니 공자가 말했던 '뜻'에 대해 살펴보겠습니다.

공자가 말하길, "나는 열다섯 살에 학문에 뜻을 두었고, 서른 살에 자립했으며, 마흔 살에 미혹되지 않았고, 쉰 살에 천명을 알았으며, 예순 살에 귀가 순해졌고, 일흔 살에 하고 싶은 대로 행동해도 법도에 어긋나지 않았다."

子曰, 吾十有五而志於學, 三十而立, 四十而不惑, 五十而知天命,六十而耳順, 七十而從心所欲, 不踰矩.

자왈, 오십유오이지어학, 삼십이립, 사십이불혹, 오십이지천
명, 육십이이순, 칠십이종심소욕, 불유구.

이 문장을 모르는 사람은 없을 겁니다. 그런데 재미있는 것은
나이 삼십이 뜻을 세우는 시기라는 내용을 사람들이 가장 잘 기
억한다는 사실이죠. 불혹이나 지천명의 나이에도 우리는 '삼십
이립'의 의미를 선명하게 기억합니다. 이는 뒤늦게 '내가 30세
에 인생의 기초를 쌓았다면 어땠을까?' 하는 후회 때문은 아닐
까 싶습니다. 뜻을 세우는 것은 다른 말로 표현하면 인생의 목표
를 정한다는 이야기입니다. 이런 목표를 세워야 '불혹'과 '지천
명'과 '이순'이 차례로 옵니다.

현대사회에서는 돈이 없으면 유혹에 더 쉽게 끌리고, 천명이
무엇인지 의문이 들어도 귀에는 거슬리는 말만 들립니다. 뜻을
세우는 이립은 학업, 인격뿐만 아니라 돈까지 포함하는 광범위
한 개념으로 전환해 보세요. 시대에 따라 『논어』도 현대적으로
재해석해야 합니다. 『논어』에는 목표와 관련된 또 하나의 의미
심장한 구절이 있습니다.

공자가 말하길, "싹이 돋았으나 꽃이 피지 못하는 것도 있으

며! 꽃이 피었으나 열매를 맺지 못하는 것도 있다!"

子曰, 苗而不秀者有矣夫! 秀而不實者有矣夫!
자왈, 묘이불수자유의부! 수이불실자유의부!

이 구절의 전통적인 해석은 뜻을 세우기는 쉬워도 지키기는 어렵고, 목표에 이르기는 더욱 어렵다는 뜻입니다. 공자가 제자 안연을 가장 아꼈던 이유는 그가 뜻을 세우고 열심히 노력했기 때문입니다. 좋은 싹을 갖고 태어났으나 꽃을 피우지 못하는 가장 큰 이유는 꽃을 피우겠다는 목표와 의지가 부족했기 때문입니다. 거창한 뜻만으로 성공하는 것은 아니라는 사실이지요.

바다가 모든 강의 으뜸이 될 수 있는 까닭

인생에서 아무런 목표가 없다면 제대로 된 인생이라 할 수 있을까요? 인생을 사는 데 목표는 정말 중요합니다. 물론 목표를 이루지 못했을 때 받는 스트레스 또한 엄청나겠지만 인생에서 작든 크든 목표는 반드시 있어야 합니다. 목표가 있는 학생들과 없는 학생들의 입시 결과는 많은 차이를 보여줍니다. 목표가 중요하다면 이런 궁금증이 들 수도 있습니다. '목표는 크고 거창할수록 좋은가? 작고 섬세할수록 좋은가?' 큰 목표는 장기적으로,

작은 목표는 중단기적으로 세우는 것이 좋습니다. 그런데 인생에서 만나는 모든 문제가 그렇게 쉽게 이분법적으로 답이 나뉘는 상황은 별로 없습니다. 목표는 미래에 대한 설계인데, 그 미래가 장기, 중단기적으로 어떻게 변화할지를 아무도 모르기 때문이지요. 즉, 어떤 목표가 장기 목표일지, 어떤 목표가 단기 목표일지 판단이 잘 안 서기도 합니다. 그리고 그것을 알아도 무엇을 우선해야 할지 결정하기 어렵기도 합니다. 이처럼 앞이 뿌연 안개 속에 가려 있을 때는 고전 속에서 답을 찾아보세요. 노자의 『도덕경』은 이렇게 말하고 있습니다.

> "최상의 선은 '물'과 같다. 물은 만물에게 이로움을 주지만, 다투지 않고 사람들이 싫어하는 낮은 곳에 자리한다. 그러므로 물은 도에 거의 가깝다고 할 수 있다. 사람이 사는 곳으로는 땅이 좋고, 마음은 연못처럼 깊어야 좋고, 더불어 함께 하는 것에는 어짊이 좋고, 말은 믿음이 있어야 좋고, 다스림은 바른 것이 좋고, 일에는 능숙한 것이 좋고, 움직임은 적당한 때를 맞추는 것이 좋다. 그렇게 하는 것이 다투지 않는 것이다. 그러므로 잘못됨이 없는 것이다."

상선약수上善若水 수선이만물이부쟁水善利萬物而不爭

처중인지소오處衆人之所惡 고기어도故幾於道 거선지居善地

심선연心善淵 여선인與善仁 언선신言善信 정선치正善治

사선능事善能 동선시動善時 부유부쟁夫唯不爭 고무우故無尤

노자는 물을 만물을 이롭게 하고 다투지 않는다는 점에서 도에 가장 가까운 존재라고 말하고 있습니다.

> "천하에 물보다 약한 것이 없지만 강한 것을 공격하기에 이보다 나은 것은 없으며 이를 대신할 다른 것은 없다."

> "바다가 모든 강의 으뜸이 될 수 있는 까닭은 자신을 더 낮추기 때문이다."

작은 목표는 개천이나 강이며 큰 목표는 바다입니다. 물이 개천이나 강에서 바다로 흐르듯이 목표도 작은 목표가 쌓여서 큰 목표가 됩니다. 목표는 시각적으로 이해하는 것이 가장 좋습니다. 추상적이고 개념적으로 목표를 이해하면 우선 내가 받아들이기가 어렵습니다. 목표를 머리로만 생각할 때보다 말로 표현할 때 더 성취하기 쉽고, 글로 쓸 때는 더 큰 현실감을 느낄 수 있습니다. 『아주 작은 목표의 힘』의 저자 고다마 미쓰오는 이렇게 주장합니다.

> "습관으로 만들고자 하는 행동을 기록함으로써 우리가 앞으로 나아가는지, 뒤로 후퇴하는지 파악해야 한다. 만약 기록을 통해 나아가고 있다는 것이 확인되면 만족감이 생겨 더욱 추동력을 얻게 되고, 후퇴하고 있다면 반성하고 다시 열심히 해야겠다는 의지를 불태울 수 있다."

여기서 목표에 대한 한 가지 중요한 사실을 깨달을 수 있습니다. 바로 '책임감'이 목표 달성을 더욱 가깝게 만든다는 사실이죠. 책임감을 느끼려면 목표가 너무 거창하기보다 큰 목표를 잘게 썰어 작은 목표로 만든 뒤 작은 목표를 실천하기 위한 작은 습관들을 몸에 익숙해지도록 만드는 길이 최선의 목표 달성법이 아닐까 싶습니다.

"한 해의 계획은 봄에 세워야 하고 하루의 계획은 새벽에 세운다."라는 중국 남조南朝의 소탁蕭鐸의 말처럼 새해를 계획으로 시작하고, 하루의 시작 역시 계획으로 시작한다면 그 사람에게 성공은 가까이에 있을 것입니다.

목표 달성에 성공한
사람들의 특성

　나폴레온 힐은 잡지사 기자로 일하던 중 당대 최고의 부자 강철왕 앤드류 카네기를 만났습니다. 그로부터 당시 미국 최고의 부자들을 인터뷰하는 행운을 얻었습니다. 인터뷰를 통해 알게 된 사실은 부자들은 일단 자신이 정한 목표를 이룬 후에도 절대 안주하지 않는다는 것이었습니다. 그들은 성공한 후에도 자기애에 빠질 한가한 시간이 없었습니다. 완벽이 성장을 멈추고 정체되어 썩기 시작하는 순간이라는 것을 잘 알기 때문입니다. 즉, 그들은 슬럼프가 찾아오지 않도록 끊임없이 자신을 채찍질하는 특징이 있죠. 나폴레온 힐은 이렇게 말합니다.

"자신이 너무나 완벽해서, 너무나 뛰어나서, 또는 너무나 성공해서 더 배울 것이 없다고 생각해서는 안 됩니다. 여러분의 마음이 열려 있고 배우고자 하는 마음이 있는 한, 여러분 스스로 파릇파릇한 새싹이라고 생각하는 한, 언제나 성장할 여지는 남아 있습니다. 완벽히 익었다고 생각하는 바로 그 순간, 여러분은 썩어들기 시작할 것입니다. 한 걸음 더 나아가는 습관으로 여러분은 깨어 있고 기발한 '상상력'을 배양할 수 있습니다.

기억하세요. 여러분이 늘 남들보다 한 걸음 더 나아가고자 노력한다면 여러분은 항상 깨어 있을 것이며, 기발한 상상을 하게 됩니다. 상상력이 없으면 남들보다 뛰어날 수 없습니다. 우선 한 걸음 더 나아가는 습관을 들여놓으면, 성공을 위한 필수요소인 능동적으로 행동하는 사람으로 거듭나게 될 것입니다. 수동적인 사람은 중요한 직책을 맡을 수 없으며, 경제적 자유도 얻을 수 없습니다. 능동적으로 행동하지 않고 시키는 대로만 행동하거나 남들이 하는 것을 답습하기만 해서는 절대로 성공을 거둘 수 없습니다."

나폴레온 힐은 성공한 이들을 분석해서 어떤 공통점을 발견했습니다. 그것은 '상상력'입니다. 공상으로 끝나는 상상력이 아니라 미래에 실현된 기술과 부의 흐름에 대한 상상력이죠. 이 상상력은 끝없이 생각하고 고민하고 행동할 때만 내 것이 될 수 있습니다. 슬럼프에 빠질 시간도 그들에게는 아깝게 여겨지겠죠. 슬럼프는 사람을 수동적인 존재로 만듭니다. 성공에 안주해서 또다른 성공이 마치 감나무 밑에서 감이 떨어지듯 내게 찾아올 것으로 생각하는 것이죠. 슬럼프를 이겨내려면 능동성의 스위치를 항상 켜고 있어야 합니다.

카네기가 성공했던 19세기 후반과 20세기 초반의 상황과 지금은 기술의 변화에서 큰 혁신이 일어났다는 공통점이 있습니다. 카네기처럼 성공했던 이들은 끝없이 새로운 것을 상상했고 그 상상력을 현실로 만들기 위해 노력했던 사람들입니다.

목표 달성에는 분명하며 매우 단순한 것들이 필요하다

경영학은 자본주의 학문입니다. 쉽게 말하면 경영학은 조직의 목표를 달성하기 위해 경영자가 직원에게 어떻게 동기부여를 하는지에 대한 이론입니다. 조직의 목표 달성을 위한 고민은 개인에게도 도움이 됩니다. 현대 경영학의 아버지로 불리는 피터 드러커가 1966년에 출간한 『자기경영노트』는 지금도 자기경영 분야의 훌륭한 지침서가 되고 있습니다.

지식 노동자가 머리가 좋다거나, 또는 아는 게 많다고 해서 그것만으로는 목표를 달성하기 어렵다. 목표 달성 능력은 그런 것과는 별개이며 다른 것이다. 그렇다고 해서 목표 달성 능력에 남다른 재능, 특별한 적성, 또는 특수한 훈련이 필요한 건 아니다. 경영자가 목표를 달성하려면 분명하며 매우 단순한 것들이 필요하다.

그것이 이 책에서 다루고 논의할 몇 가지 습관이다. 그런데 그 습관들은 타고나는 것이 아니다. 지난 45년 동안 크고 작은 다양한 조직-기업, 정부 기관, 병원, 대학 그리고 지역 서비스 기관의 컨설턴트로 일했지만 미국인, 유럽인, 남미인 그리고 일본인들 가운데 '목표를 달성하는 경영자로 타고난 사람'은 만나지 못했다.

목표를 달성하는 경영자는 목표를 달성할 수 있는 '능력'을 갖추어야 한다. 그런 후에는 목표 달성 능력이 '습관'이 될 때까지 실천해야 한다. 그렇게 목표를 달성하는 경영자가 되도록 노력한 사람들만이 성공한다. 목표 달성 능력을 배울 수 있어야 한다.

우리가 피터 드러커로부터 배워야 하는 것은 바로 어떻게 목표 달성 능력을 배울 수 있는지에 대한 통찰입니다. 그는 원하는 목표를 달성하기 위해서는 지능, 상상력, 지식이 모두 필요하지만 그것을 꿰는 실은 바로 '목표 달성 능력'이라고 말합니다. 피터 드러커는 실천하지 않는 지식은 무용지물이라고 지적합니다. 실천과 생각하기는 톱니바퀴처럼 맞물려서 돌아가야 합니다. 실천하기 전에 이런 것들을 고민하고 필요하면 계획서를 만들어 작성해야 합니다.

앞으로 내게 주어진 시간을 어떻게 활용할지가 먼저 고민의 대상입니다. 그리고 바라는 결과와 예상되는 제약을 반드시 고민해야 합니다. 물론 미래는 언제나 그렇듯 돌발변수가 생겨 원하는 대로 흘러가는 것은 아니지만 이런 과정을 거쳐 내가 그린 미래와 실제 만날 미래의 갭을 줄일 수 있는 것입니다.

피터 드러커는 특히 시간을 어떻게 쓰는지가 목표 달성에서 가장 중요하다고 강조합니다. 그는 계획 없이 성공적인 전쟁을 치를 수 없다고 강조합니다. 시간을 세분화해 세운 계획이 없다면 경영자는 결국 시간의 포로가 될 수도 있습니다. 결국 미래와의 전쟁에서 지는 거죠. 아무리 지적 통찰력을 지닌 인물이라도 체계적인 계획이 없다면 성과로 이어지지 않습니다.

피터 드러커는 실천 계획을 꼼꼼히 세웠다면 그 순간부터 중요한 것은 '실행 능력'이라고 말합니다. 그는 단언합니다. 실행 능력은 학습과 반복으로만 익힐 수 있다는 사실을 말이죠. 자신감도 마찬가지입니다. 반복과 학습을 통해서 자신감을 획득할 수 있다고 그는 말합니다.

마지막으로 피터 드러커가 강조하고 있는 것은 '강점 파악 능력'입니다. **뛰어난 경영자 그리고 성공한 지식 노동자는 강점 판독가입니다. 자신의 강점을 파악하고, 팀원의 강점을 파악한 후 경쟁 상대의 강점을 파악합니다.** 강점을 파악하면 무엇을 할 수 있는지를 알게 되며, 할 수 있는 것에 시간을 집중해 성과를 이뤄냅니다.

늙은 어부 산티아고의
깨달음

조직에서 직원을 평가하는 방법으로 '목표관리Management by Objectives: MBO'라는 용어가 있습니다. MBO 평가는 6개월 또는 1년의 기간 내에 달성할 특정 목표를 평가자와 피평가자가 협의해 설정합니다. 기간이 종료된 후에 그 목표를 달성하였는지를 확인하는 결과 지향적인 평가 방법입니다. MBO 평가는 회사 전체의 목표와 부서의 목표 그리고 개인 목표를 연계시킬 수 있으며, 평가 기준이 비교적 명확하다는 장점이 있습니다.

하지만 단점도 있습니다. 일단 직원들이 굉장히 괴롭습니다. 원칙은 최초 목표를 설정할 때 상사와 부하직원이 대화와 협의를 통해 목표를 정한다고는 되어 있지만, 실제 상황에서는 이미 부서의 목표가 설정되어 있기 때문이죠. 답은 정해져 있으니 너는 대답만 하라는 '답정너'와 같다고 할 수 있습니다.

목표를 달성하지 못한다면 스트레스는 정말 심각합니다. 요즘 같은 성과 지상주의 사회에서 목표를 이루지 못한다는 것은 무능을 증명하는 것과 마찬가지죠. 최악의 평가를 받으면 직장을 잃을 우려도 있습니다. 최선을 다했다고 해도 성과가 뒷받침되지 않는다면 이를 긍정적으로 평가하는 회사는 없습니다. 그렇지만 내가 나를 실패자로 낙인찍고 책망하는 것은 도움이 되지 않습니다. 그보다는 자신을 스스로 위로해주며 더 큰 도약을 위해 재충전하는 시간을 갖는 게 좋겠죠. 그럴 때 도움이 되는 고전이 바로 어니스트 헤밍웨이의 『노인과 바다』입니다. 50대 이후에 은퇴를 앞두고 자기 경쟁력과 자존감에 상처를 입은 사람들이라면 꼭 다시 읽어보기를 바랍니다.

노벨문학상 수상자 헤밍웨이는 쉬운 단어와 단문으로 자신의 생각을 잘 전달한 이야기꾼입니다. 『노인과 바다』는 헤밍웨이가 53세에 쿠바의 아바나 근교에 머물면서 바다낚시로 소일하던 시절에 쓴 소설입니다. 멕시코만에서 허름하고 작은 고깃배를 갖고 생활하는 늙은 어부 산티아고는 84일 동안 바다에 나갔지만 한 마리의 고기도 잡지 못했습니다. 이웃에 사는 마놀린이라는 소년과 함께 고기잡이를 나갔으나 한 마리도 잡지 못하는 날이 40일이나 계속되자 소년은 더 이상 노인을 따라 고기잡이에 나서지 않습니다. 마을 사람들은 산티아고를 퇴물이라고 생각합니다.

85일째 되던 날, 노인은 다시 조각배를 몰고 바다로 나갑니다. 그리고 거대한 청새치를 만나죠. 노인은 사투 끝에 청새치를 잡았습니다. 하지만 집으로 오는 길에 만난 상어들이 청새치에게 달려들었고 청새치는 앙상한 뼈만 남습니다. 산티아고의 손에는 아무것도 남은 게 없었습니다. 그렇지만 산티아고는 굳건히 일어서죠. 무엇이 그를 다시 일어설 수 있게 만들었을까요? 산티아고는 결과가 아니라 과정에 의미를 부여했습니다. 퇴물 취급을 받던 늙은 어부였지만 산티아고는 평생을 어부로서 살아왔다는 긍지가 있었습니다. 한 번 만난 물고기는 절대 놓치지 않겠다는 어부로서의 신념을 지켰기 때문에 행복할 수 있었던 것입니다. 노인은 목표 달성에는 실패했지만 큰 깨달음은 얻었습니다. 바로 그가 상대했던 자연이 적이 아니라 친구라는 깨달음이었죠.

그들에게 있어서 바다는 마치 경쟁의 상대, 심지어는 적으로까지 생각되는 모양이었다. 그렇지만 노인은 언제나 바다를 어머니나 누이처럼 여성으로 생각했다. 바다는 다투어 경쟁할 상대가 아니라 큰 은혜를 베풀어주는 다정한 벗이다. 아무리 못된 짓을 하더라도 언제나 변함없이 인간의 다정한 벗이다.

최선을 다했지만 결과가 뒷받침되지 않았다면 지금까지의 자신의 삶을 돌아볼 수 있는 기회를 가져보세요. 산티아고는 자연이 적이 아니라 벗이었다는 깨달음을 얻었습니다. 인생은 반드시 결과로만 평가받는 것은 아닙니다. 깨달음을 통한 성장 역시 성과 못지않게 소중할 수 있다는 사실을 『노인과 바다』는 말해주고 있습니다.

상대로부터
감사하는 마음을 끌어내라

『삼국지』에 나오는 제갈량과 유비의 관계는 '수어지교水魚之交', 물과 물고기처럼 떨어질 수 없는 친밀한 사이였습니다. 즉, 군신의 관계라기보다는 서로가 서로에게 도움을 주고 끝까지 존중했던 스승과 제자 같은 사이였습니다.

207년 조조에게 쫓겨 형주에 머물고 있던 유비는 제갈량의 재간이 뛰어나다는 말을 듣고 그를 찾아갑니다. 하지만 퇴짜를 맞죠. 유비가 세 번을 찾아간 끝에 제갈량의 마음을 얻는 데 성공합니다. 이후 제갈량은 당시의 천하 형세를 치밀하고 상세하게 분석하여 유비가 패업을 이룰 수 있는 책략을 제시합니다. 제갈량의 목표는 무엇이었을까요? 유비의 또 다른 책사 법정과 제갈량이 나눈 대화에서 제갈량의 목표를 읽을 수 있습니다.

법정이 제갈량에게 말했다.

"전한 시대의 한나라 고조 유방이 함곡관으로 들어가 진나라 수도 함양을 차지한 뒤 약법삼장을 남겨두고 나머지 법률을 폐지하자 진나라의 백성들은 고조의 덕행이 훌륭하다는 것을 알았습니다. 그런데 승상께서는 이제 막 촉나라를 통치하기 시작했는데도 백성들을 자비와 은혜로 위로하는 정책을 시행하지 않고 있습니다. 저는 다만 당신께서 형벌을 온화하게 하여 백성을 따뜻하게 어루만져 주기만을 바랄 뿐입니다."

제갈량이 대답했다.

"그대는 하나만 알고 둘은 모릅니다. 진나라는 무도하여 폭정을 일삼다 백성들의 원망을 샀습니다. 그리하여 보통 사람들이 한 번 팔을 흔들어 봉기하고 함성을 지르자 천하는 와르르 무너지고 와해됐습니다. 한나라 고조 유방은 진나라에 이어 촉나라를 다스리고 은혜를 크게 베풀어 백성들을 구제했습니다. 하지만 원래의 익주 목사 유장은 우매하고 나약하여 법률과 기율을 헐겁게 하고 '어질고 바른 정치'를 펴지 않았으며 위력과 형벌이 엄숙하지 않은 탓에 촉나라 인사들이 대권을 제멋대로 전횡하며 벼슬을 그들 맘대로 농락하여 관직의 값어치가 곤두박질치고 말았습니다. 은혜로 그들을 순종하게 하자, 도리어 은혜가 조정을 가볍게 여기는 그들의 방자함을 조장하여 유장의 익주는 퇴락하고 말았던 것입니다.”

제갈량이 계속 이야기했다.

“지금 우리는 위엄 있고 엄한 법률을 반포하여 다스린 다음에, 그들에게 은혜를 베풀어야 그들이 은혜의 고마움을 알 수 있을 것입니다. 또한 벼슬과 작위를 엄하게 제한하고 난 다음에, 그들에게 벼슬과 작위를 내려주어야 그들이 진정으로 영예가 무엇인지를 알게 될 것입니다. 영예와 은혜를 가지런히 해야 윗사람과 아랫사람 사이에 절도가 생기는 것이고, 이것이 바로 치국의 요령입니다.”

　제갈량의 목표는 나라를 잘 다스리는 것이었습니다. 그는 나라의 군주는 적당히 엄하고 적당히 어질어야 한다고 생각했습니다. 법과 질서가 제대로 구현되는 세상을 만들고 유지하는 것이 제갈량의 목표였죠. 유비는 법과 질서를 세우는 데 군대라는 물리력보다 덕망이라는 부드러운 힘을 이용해 나라를 경영하고자 했습니다. 그는 목표를 이루는 데 필요한 의지와 행동력과 판단력을 모두 갖추고 있었죠. 물론 그의 뜻대로 세상은 돌아가지 않았지만, 그가 구상했던 이상 국가의 이념과 비전은 후세에도 많은 영향을 미쳤습니다. 사람들은 그래서 유비를 모셨던 제갈량을 우러러보는 것입니다.

우리는 제갈량으로부터 무엇을 배울 수 있을까요?

일단 '목표'와 '수단'을 구분하는 자세입니다. 법정이나 제갈량이나 원하는 목표는 다르지 않았습니다. 다만 수단의 현실성이라는 면에서 대립했던 것이죠. 정치 역시 국민과 지도자의 협상입니다. 협상에서는 상대가 원하는 걸 처음부터 주면 안 됩니다. 그것을 얻기 위해서는 뭔가를 먼저 베풀기보다 상대가 먼저 변화해 그 변화를 통해 상대가 원하는 것을 얻을 수 있다는 사실을 스스로 깨닫게 해주어야 합니다. 그렇게 해야만 질서가 오래 유지될 수 있습니다.

두 번째로 배울 수 있는 교훈은 내가 원하는 목표를 이뤄내기 위해서는 같이 일을 하는 사람이 자신의 상사이든 부하이든 그들로부터 '감사'를 끌어내야 한다는 사실이죠. 물론 내가 만나는 모든 사람에게서 감사한 마음을 끌어내는 것은 불가능합니다. 그러나 한 번 그들로부터 고마움을 느끼도록 유도한다면 그들은 지속적으로 나를 도울 수 있습니다.

빅토르 위고의 희곡 『천 프랑의 보상』은 진지하면서도 익살스러운, 프랑스를 대표하는 희곡입니다. 이 책에는 삶의 처세에 관한 촌철살인의 명문장이 많습니다. 주인공인 루슬린은 극중에서 에티에네트에게 이런 말을 합니다.

> "부인, 남을 돕는 게 삶의 신조입니다. 덕을 베푸는 게 저의 가장 큰 기쁨이기도 하지요. 인간에게 가장 중요하고 변치 않은 요소가 있다면, 그것은 '양심'입니다. 하늘에 계신 아버지 앞에 도착했을 때, '지상의 사람들을 많이 돕다 보니 그들이 제게 빚진 게 많답니다.'라고 말할 수 있는 자는 행복한 사람입니다."

덕을 베풀면 보답으로 돌아오는 게 인생입니다. 인생에서 성공은 타인이 나에게 빚진 게 많다는 느낌이 들도록 하는 일이라고도 생각할 수 있습니다. 상대가 고마움을 느끼면 그들은 지속적으로 나를 돕습니다.

지금 사랑에 빠져 있다면 그 사랑이 더하기의 사랑인지 빼기의 사랑인지
먼저 스스로에게 물어보세요. 그리고 더하기일 때는 빼기를,
빼기일 때는 더하기를 생각하며 사랑에서도 중용을 실천하려고 노력해 보세요.
더하기와 빼기를 잘하는 것이 사랑의 기술입니다.

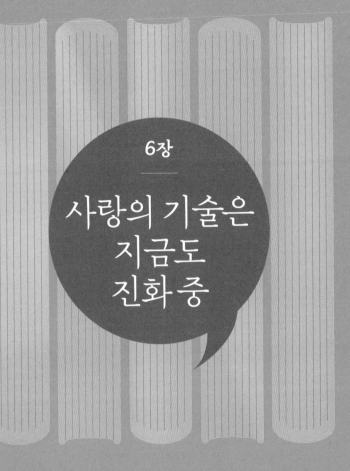

6장
—
사랑의 기술은
지금도
진화 중

이 세상에서 사랑 없이 살 수 있는 사람이 몇 명이나 있을까요? 그리고 사랑을

강조하지 않는 고전이 한 권이라도 있을까요? 사랑에 대해서 자신 있게 말할

수 있는 사람은 몇 명이나 될까요? 공자부터 시작해 스탕달 그리고 에리히 프

롬까지, 동서양의 고전에 담긴 사랑에 대한 의미를 살펴보고자 합니다.

잃어버린 사랑을 찾기 위한
'사랑의 기술'

사랑의 기술도 교과서 공부처럼 배워야 할까요? 아니면 사랑은 인간의 본성이기에 따로 배울 필요가 없을까요? 20세기 최고의 심리학자로 꼽히는 에리히 프롬은 대표작 『사랑의 기술』에서 단언합니다.

"사랑은 타고 나는 게 아니라 배우는 것이다."

20세기에 쓰인 책으로 아직 고전이라는 이름을 붙이기에는 이를 수도 있겠지만 사랑에 관한 책 중에서 이보다 더 훌륭한 책은 없다고 생각합니다. 에리히 프롬은 사랑은 사람들이 배워야 하는 기술에 가깝다고 말합니다. 그러나 현대인들은 누구나 사랑을 갈망하지만 정작 사랑에 대해서는 잘 모릅니다. 몇 가지 이유가 있죠.

첫 번째는 대부분의 사람이 사랑의 문제를 **'사랑하는', 즉 사랑할 줄 아는 능력의 문제가 아니라 오히려 '사랑받는' 문제**로 생각하기 때문입니다. 사랑은 주고받는 상호작용이지만 사람들은 사랑받으려고만 합니다. 주려는 사람과 받으려는 사람은 1대 1로 연결되어야 합니다. 하지만 우리는 사랑을 주기보다는 받으려고만 하니 심각한 불균형이 발생합니다. 그래서 제대로 사랑하기가 어려워지는 겁니다.

두 번째는 사랑이 능력의 문제가 아니라 '대상'이 문제라는 관점 때문이죠. '누구'를 사랑하느냐가 '어떻게' 사랑하느냐보다 물론 중요할 수 있습니다. 그러나 에리히 프롬은 말합니다. 사랑하는 대상의 발견이 어려운 것은 사실이지만 상대를 제대로 사랑하기는 그보다 훨씬 더 어렵다고 말합니다.

세 번째 이유는 사랑하게 되는 최초의 경험과 사랑하고 있는 지속적인 상태, 즉 사랑에 머물러 있는 상황을 혼동하기 때문입니다. 사랑은 누군가를 만나 행복해지는 경험만을 의미하지는 않습니다. **사랑의 감정을 지속적으로 유지하는 것이 진정한 사랑입니다.** 첫눈에 반한 것이 단순한 욕정이었음을 알게 된 이후에 헤어진 부부나 커플이 얼마나 많은가요. 지속적인 사랑의 관계 유지를 위해 노력해야 합니다. 따라서 '사랑의 기술'을 배워야 합니다. 에리히 프롬은 『사랑의 기술』에서 이렇게 말합니다.

> "순수한 사랑은 누군가에 의해 야기된다는 의미에서의 감정이 아니라 사랑받는 자의 성장과 행복에 대한 능동적 갈망이며, 이 갈망은 자신의 사랑의 능력에 근원이 있다. 어떤 사람을 사랑한다는 것은 '사랑할 줄 아는 힘'의 실현이고 집중화이다. 사랑에 내포된 기본적 긍정은 본질적으로 인간적인 성질의 구현자로서의 사랑하는 사람을 지향하고 있다. 한 사람에 대한 사랑에는 인간 자체에 대한 사랑이 내포되어 있다."

사랑에 대한 멋진 해석입니다. 사랑은 능동형이며 행복을 향한 성장입니다. 사랑하는 순간 인간 자체에 대한 사랑도 싹이 틉니다. 사랑을 찾지 못해 방황하는 이들이라면 에리히 프롬의 『사랑의 기술』을 꼭 읽어보기를 권합니다. 이 책 후반부에서는 진정한 사랑을 찾기 위한 실천의 강령들도 제시합니다.

우선 사랑을 유지하려면 '게을러서'는 안 됩니다. 끊임없는 각성과 관심, 그리고 주의를 사랑하는 사람에게 쏟아야 합니다. 늘 사랑을 생각해야 합니다. 사랑하는 사람과의 관계는 교환관계에서 벗어나려고 노력해야 합니다. '내가 상대를 얼마만큼 사랑하면 그 사람도 나에게 얼마만큼의 사랑으로 보상하겠지.'라는 생각은 사랑이 아닙니다. 무엇이든 이론은 쉽지만 실천은 어렵습니다. 두 사람의 관계에서 상호 진정성을 유지하기 위해 끝없이 노력하고 사랑하는 사이에서 자본주의적인 교환관계가 개입될 여지를 줄여나가는 것! 이것이 잃어버린 사랑의 능력을 되찾고 배양할 수 있는 길이 될 것입니다.

　사회가 자본주의로 치닫고 모두가 경제적 자유라는 유일한 목표를 향해 달려갈 때 역설적으로 사랑은 더욱더 중요해집니다. 그래서 지금도 사람들은 그렇게 '사랑의 기술'을 찾아 헤매는지도 모르겠습니다.

어느 철학자의 비망록에 남겨진
사랑의 쾌락

『연애론』은 사랑에 관한 고전으로 『적과 흑』의 저자이며 프랑스의 대문호인 스탕달이 쓴 책입니다. 소설가 알랭 드 보통과 사회심리학자 에리히 프롬 등의 작가들에게 절대적인 영향을 준 『연애론』에서 스탕달은 사랑을 연애라는 행위로 이해하고 있습니다. 이것은 고대 그리스시대부터 이어져 온 사랑이었습니다만, 중세 기독교의 금욕주의에 강하게 억눌려 있었죠. 그러다가 르네상스를 거치면서 부활했습니다. 스탕달의 말을 들어볼까요.

"사람은 무엇보다 쾌락에 약한 존재로 태어났다. 그중에도 특히 사랑의 쾌락에 약하다. 연애 감정은 이미 인간의 의

지와는 관계없이 발생했다가 사라지는 열병 같은 것이다. 이
것이 바로 정열적 연애와 취미적 연애의 차이점이다. 사랑하
는 상대방의 매력도 우연의 산물일 뿐이다.”

스탕달에 따르면 사랑은 쾌락이고 열병입니다. 그는 사랑을
일곱 단계로 파악했습니다.

첫 번째 단계는 ‘감탄’입니다. 사랑은 사랑하는 사람으로부터
느끼는 매혹이나 찬탄에서 시작됩니다. 두 번째 단계는 ‘접근’입
니다. 상대방을 자주 떠올리며 가까이 다가서려고 애쓰죠. 세 번
째 단계는 ‘희망’입니다. 사랑하는 상대방 역시 자신처럼 눈에
콩깍지가 쓰이기를 원합니다. 네 번째 단계는 ‘열병’입니다. 본
격적으로 열정적인 사랑을 느끼는 단계입니다. 다섯 번째 단계
는 ‘결정 작용’입니다. 서로에 대한 사랑을 빛나는 수정처럼 여
기게 되죠. 여섯 번째 단계는 ‘의혹과 질투’입니다. 상대방을 의
심하고 질투하는 것입니다. 지금까지 좋기만 했던 사랑이 흔들
리며 깨지기 시작하는 단계이죠. 마지막 단계인 일곱 번째는 ‘제
2의 결정’입니다. 사랑에 대한 확신을 서로 동시에 갖고 더 큰
유대감으로 확장합니다. 우리는 이 마지막 단계를 넘어서면 사
랑의 종착지라고 할 수 있는 결혼에 이릅니다.

스탕달은 지금의 현대인들도 충분히 공감할 사랑의 본질을 너

무나 잘 묘사했습니다. 서로에 대한 환상으로 시작해 서로에 대해서 알아가는 시간을 거쳐 그 환상을 현실로 만들어가는 과정이 사랑이라는 것이죠. 사랑에 대한 낭만적이면서 현실적인 해석입니다.

그런데 스탕달처럼 쾌락을 느낄 수 있는 범위를 사랑으로 한정하면 큰 문제가 생길 수 있습니다. 세상에는 온통 쾌락주의자로 넘쳐나고 성적 유희와 방탕은 사회는 물론 사회를 구성하는 개인들에게도 부정적 영향을 끼칠 수 있기 때문이죠. 그렇다면 우리는 서양 철학자이면서도 동양 철학자처럼 생각하는 칸트의 쾌락론을 살펴볼 필요가 있습니다. 칸트는 비망록에서 다음과 같이 말했습니다.

> "일은 사람에게 즐거움을 선사해 준다. 긴장감 속에서도 즐거움을 찾을 수 있다. 그러나 일을 하지 않는 사람은 항상 고민하고, 쾌락에 빠지고, 에너지를 소모해 힘이 나는 일도 없고, 만족하는 법도 없다."

칸트의 쾌락론에는 어떤 깨달음이 있습니다. 자신만이 할 수 있는 일, 자신에게 주어진 길을 가는 사람들은 자신만이 누릴 수 있는 즐거움을 발견할 수 있습니다. 그것은 사랑으로 얻어지는

201

일시적 즐거움과는 또 다른 차원의 경지입니다. 사랑하되 사랑으로 지나친 에너지를 소모하지 않고, 자신만의 일을 통해 자신을 발전시키면서 행복의 순간을 늘려가는 것이 인생의 바람직한 모습 아닐까요?

동양의 사랑은 '공감'에 가깝습니다. 공자의 '어진 사람은 다른 사람을 사랑한다[仁者愛人]'에서 '어질다'라는 것은 다른 사람과 공감할 수 있다는 의미로 해석되는 경향이 많기 때문입니다. 공자는 어질지 못한 사람은 사랑도 제대로 못 하고, 예절도 준수하지 못하고, 음악을 즐길 수도 없다고 보았습니다. 이런 점에서 동양에서 말하는 사랑 즉, '애[愛]'는 시시비비를 가릴 줄 아는 '의[義]'와 사랑이 합쳐진 개념입니다. 상형문자인 한자는 글자로 뜻을 전달하는데, 사랑 '애'자는 마음으로 상대를 감싸는 모습을 하고 있습니다. 마음속에 소중하게 간직하는 모습이죠. 이런 면에서 서구의 사랑과도 거리가 있으며 모든 생명에게 베푸는 자비로서의 불교적 사랑과도 맥락이 다릅니다.

왜 동양과 서양은 사랑에 대한 관점이 다른 걸까요? 이유는 즐거움에 대한 철학이 다르기 때문입니다. 동양에서는 즐거움을 순간적인 것보다는 지속적인 것, 신체적인 것보다는 정신적인 것으로 생각합니다. 반면 서양은 순간적이면서 신체적인 것을 즐거움의 대상으로 삼았죠. 물론 서양에도 동양적인 사상관을 가진 사람이 있고, 동양에서도 서구적인 사랑관을 지닌 사람이 있지만 큰 그림으로 보자면 그렇게 볼 수 있습니다.

실천할 수 있는
'사랑의 기술'

도가사상을 담고 있는 중국의 고전 『열자』의 「양주」 편에는 다음과 같은 글이 실려 있습니다.

양주가 말했다.

"하나라의 현인 백성 자고는 한 가닥의 털로도 남의 이익을 도모하지 않고 나라를 버리고 숨어 살며 농사를 지었다. 위대한 임금 우는 일신으로 스스로 이익을 도모하지 않고 몸이 부서져라 열심히 노력하였다. 옛사람들은 한 가닥의 털을 덜어 천하를 이롭게 할 수 있어도 내주지 않았고, 천하를 들어 한 사람에게 바쳐도 받지 않았다. 사람마다 털 하나 손해 보

지 않았고 사람마다 천하를 위하려 하지도 않았으나 천하는
잘 다스려졌다.”

그러자 금 선생이 양주에게 말했다.

“당신의 몸에 돋은 털 한 가닥을 뽑아 한세상을 구할 수 있다
면 당신은 그렇게 하겠습니까?”

양주가 말했다.

“세상은 털 한 가닥으로 구할 수 있는 게 아닙니다.”

금 선생이 다시 물었다.

“만약 구할 수 있다고 가정한다면 그렇게 하겠습니까?”

양주는 질문에 대답하지 않았다.

　동양과 서양의 사상을 동양은 공동체주의, 서양은 개인주의라
는 이분법으로 흔히들 구분합니다. 이런 분류법을 따르자면 양
주처럼 이단적인 사람도 없습니다. 양주는 본명이 ‘양묵’이었다
고 합니다. 맹자를 필두로 한 유교 진영으로부터 극단적인 이기
주의자로 공격받은 인물이기도 합니다. 자기 몸의 털 하나로 세
상을 구할 수 있는데도 그럴 생각이 없다고 하니 이보다 더한 이
기주의자는 없겠지요.

　자기애는 과연 욕을 먹을 정도로 나쁘기만 한 것일까요? 에리
히 프롬은 『사랑의 기술』에서 모든 사랑은 자기애로부터 시작한

다고 말합니다. 자기를 사랑하지 않는 사람은 타인도 사랑할 수 없다는 것이죠. 여러분 중에는 아마 에리히 프롬의 이야기에는 공감하지만 모든 사람을 똑같이 균등하게 사랑하라는 맹자나 묵자의 가르침에는 공명하지 않을 것 같기도 합니다. 그래서 양주는 시대를 앞선 철학자로 생각해도 무방한 인물이지요.

흔히 삶의 지혜를 들려주는 동양의 고전으로서 『논어』를 거론하는 사람들이 많습니다. 『논어』에서는 개인주의와 이기주의를 경계하며 이러한 삶을 사는 사람들을 '소인'이라고 몰아세웁니다. 반대로 도덕적이고 이상적인 삶을 추구하는 사람을 '군자'라 부릅니다. 소인이라고 하면 왠지 부정적 어감이 앞서지만 양주는 대다수 평범한 사람들을 소인이라고 말합니다. **자기 몸을 위하는 것이 인간 본성**이기 때문에 이기주의 혹은 개인주의는 인간으로서 자연스러운 삶의 자세라는 것이지요. 다만 양주는 이기주의가 극단적인 개인주의로 발전하는 것을 경계했습니다. 그는 참된 개인주의로서 사회적 관계 속에서 자신을 찾는 사회적 자아를 강조합니다. **자신을 사랑하고 자신의 이익을 적극적으로 추구하되, 자신이 속한 사회가 허용하는 도덕적 틀 내에서 살아가야 한다는 것**이 양주의 주장이지요.

이것이야말로 진실한 자기 사랑의 시작입니다. 서양의 이기주의와 양주의 이기주의를 구분해 후자를 '사회적 이기주의'라고 부를 수 있습니다. 아무리 자기 몸이 중요하다고 해도 나홀로 살아갈 수 있는 사람은 무인도의 로빈슨 크루소 외에 불가능하기 때문이죠. **세상 모든 이는 자신도 모르는 누군가에게 무언가를 반드시 빚을 지게 되어 있습니다.**

사회적 이기주의가 자신은 물론 세상을 사랑하는 방법이 될 수 있다면 다음에는 이런 궁금증이 들 수도 있습니다. '사회적 이기주의는 어떻게 실천할 수 있을까?' 양주는 이에 대해서 멋진 해답을 준비했습니다. 무거운 대인과 군자의 짐을 벗고 사적인 자기 삶을 찾아가는 과정이 바로 사회적 이기주의를 실천하는 길이라고요. 먹고 살고자 하는 몸부림, 행복해지고자 하는 작은 소망으로 자신의 본성을 사랑하되, 내가 속한 조직이나 단체의 자리에 있을 때는 이에 맞는 역할을 적극적으로 추구한다면 진정한 자기애도 실현이 되고, 사회적 동물로서의 인간성도 지킬 수 있는 좋은 방법이 될 것입니다.

엄지발가락부터 시작해서
혀끝으로 전해지는 사랑의 괘

공자를 비롯해 동양에서 철학을 한다는 사람이면 반드시 정복해야 할 고전이 있습니다. 바로 『주역』입니다. 운명을 예측하는 예언서로 진가를 인정받기도 합니다. 그래서 『주역』을 연애와 사랑의 교과서로 사용할 수 있다고 말하면 많은 사람이 놀라움을 감추지 못합니다. 『주역』을 '사랑의 유토피아'로 부르는 해설가도 있습니다. 그분들은 어떤 근거로 『주역』을 그렇게 평가했을까요?

『주역』은 인생과 천도를 64괘로 나눠 미래의 길흉을 예측하는 책입니다. 온 우주가 음과 양 두 개의 상호보완적 원리로 환

원된다는 전제가 『주역』에 깔려 있습니다.

　『주역』은 「상경上經(1~30괘)」과 「하경下經(31~64괘)」으로 나눕니다. 「상경」은 '하늘의 길'을 제시하고, 「하경」은 '사람의 길'을 밝혀줍니다. 31괘인 '택산함'은 하경의 시작, 즉 '사람의 길'을 열어가는 괘입니다. 나라는 존재는 부모님 사랑의 결과로 탄생했듯이 인간의 길은 사랑으로 시작한다는 의미를 제시하고 있죠. 괘 이름에 쓰인 한자 '함咸'은 '감(感:느낄)'과 같습니다. 그래서 '택산함'은 흔히 '연애의 괘'로 불립니다.

　특정 상대에게 끌리는 사랑의 순서를 제시하고 있는 것이 '택산함'입니다. 첫 번째는 엄지발가락에 끌리는 단계입니다. 내 안에 감추어진 사랑을 외부로 끌어내는 첫 번째 순간입니다. 두 번째는 장딴지입니다. 세 번째는 넓적다리이고 네 번째는 등골이죠. 마지막 단계는 뺨과 혀입니다. 사랑하는 감정을 느끼는 단계를 말합니다. 머리부터 발끝까지 그 사람의 모든 것을 사랑하게 되는 것이죠. '택산함' 괘에 따르면 사랑의 감정이 다리에서, 혹은 허리에서 멈춘다면 그것은 진정한 사랑이 아닙니다.

　인간의 모든 행동이 바를 '정'자로 해석할 수 있듯이 사랑 역시 '바름'에서 벗어나지 않습니다. '택산함' 괘는 말합니다. **바르면 길해서 뉘우침이 없기에 자주 왕래하면 벗이 내 뜻을 따른다고.** 『주역』에서 말하는 사랑은 일단 바른길을 가야 합니다. 그리고 후회가 없어야죠. 또 자주 만나야 합니다. 그래야 상대에게서 감동을 자주 받습니다. 이렇게 하면 상대방은 나를 따르고, 나도 상대를 따르는 진정한 사랑이 완성되는 겁니다. 이것이 바로 『주역』이 말하는 '연애의 괘'라고 할 수 있죠.

현대인들의 고민을 해결하기 위해 『주역』의 도움을 받아보는 것은 어떨까요? 연애와 사랑을 고민하는 사람들의 어려움은 가벼운 사랑과 진지한 사랑의 선택일 것입니다. 젊은 세대들에게 가장 특징적인 연애관은 연애의 주기가 굉장히 빨라졌다는 것입니다. 평균 3개월이라고 합니다. 빨라진 연애 주기는 시행착오를 통해 진정한 사랑을 발견하고 싶은 욕구 때문입니다. 또한 온라인과 SNS의 도움을 받으려는 2030 세대가 부쩍 늘었습니다. 전 세계적인 현상이죠.

『주역』을 표면적으로만 해석하면 사랑은 '기다리면' 나타나는 운명 같은 것이지만, 능동적으로 해석하면 **사랑의 본질은 기다리는 과정이 아니라, '다가서는' 과정**이라고 해석할 수 있습니다.

사람들은 사랑에 전략적으로 접근하면서 자신에게 맞는 최고의 상대를 고르려 노력합니다. 『주역』의 '택산함' 괘는 천생연분을 만났을 때 손윗사람에게 부탁하면 시기가 빨라진다고 표현합니다. 이를 현대적으로 해석하면 인터넷이 될 수도 있겠네요. 수많은 빅 데이터를 쌓아놓고 이를 맞춤형으로 제공하는 현대의 연애 애플리케이션이 될 수도 있기 때문이죠.

저는 사랑의 주기를 짧게 하면서 많은 상대를 만나고 그 과정에서 진짜 사랑을 발견할 수도 있다는 점에서 3000년이 지난 주역의 연애관이 전혀 '올드'하지 않다고 생각합니다. 어쩌면 가장 현대적인 애플리케이션을 만드는 분들이 『주역』을 읽고 참조해서 시대를 초월하는 진리를 담을 수도 있다고 생각합니다.

『주역』은 3000년 전의 빅 데이터를 통해 인간과 하늘의 운명을 예측한 것이고, 현대의 연애 애플리케이션은 AI의 도움을 받아 『주역』이 과거에 제공했던 지혜를 알려주고 있다고 말하면 너무 지나친 해석일까요?

당신의 사랑은 더하기인가요,
아니면 빼기인가요?

　공자의 책 중에서 가장 난해하다고 평가받는 책은 『중용』입니다. 그래서 동양 철학을 하는 이들은 중용을 가장 나중에 읽을 것을 추천합니다. 다른 책보다 이해하기 어렵기 때문이지요. 중용은 극단을 피한다는 뜻에서 중간을 뜻하지만 꼭 그렇다고 볼 수도 없습니다. 중용은 무척이나 모순적인 개념이기 때문입니다. 공자와 그의 제자들인 유가들이 지양해야 할 삶의 태도를 집대성한 유교의 완성이 바로 중용입니다. 중용이 얼마나 쉬우면서도 어려운지를 보여주는 구절 「장구」 편 33장에는 다음과 같은 이야기가 나옵니다.

"자식에게 바라는 것으로 어버이를 모시면 되는데, 아직 잘하지 못한다. 신하에게 바라는 것으로 군주를 모시면 되는데, 아직 잘하지 못한다. 동생에게 바라는 것으로 형을 모시면 되는데 아직 잘하지 못한다. 친구에게 바라는 것으로 먼저 베풀면 되는데, 아직 잘하지 못한다."

한 가정에서 우리는 형이나 언니 아니면 동생, 그리고 자식 아니면 어버이입니다. 사회에서는 서로가 친구입니다. 통치 기구인 국가로 확장하면 임금이 아니면 모두 신하가 되죠. 아랫사람에게 원하는 대로 윗사람에게 한다면 그 사회의 질서는 제대로 유지될 수 있습니다. 이것이 바로 중용의 자세이고, 사회가 굴러가는 원리이며, 인간과 인간 사이의 기본 관계인 사랑이 실현되는 조건입니다.

공자가 생각하는 사랑은 '한 사회 전체가 자신의 역할을 하면서 사회 구성원 모두가 행복해지는' 그런 이상적인 사회를 구성하는 관계의 밑바탕을 말합니다. 형 더하기 동생 더하기 어버이 더하기 자식 더하기 친구 더하기 신하 더하기 군주는 이상 사회인 대동 사회의 구성원이 되는 것이고, 이들을 묶어주는 것이 바로 사랑입니다. 공자의 사랑은 전형적인 '더하기'의 사랑이죠.

공자의 사랑은 자신에 대한 사랑(학문)을 거쳐 가족에 대한 사랑(효), 국가에 대한 사랑(충성)을 지나 세계에 대한 사랑(인)으로 완성됩니다. 즉, 사랑하는 대상의 범위를 확대할수록 사랑의 가치가 커진다는 것이 전통적인 동양의 사랑에 대한 가치관이죠. **자신에 대한 사랑을 배움으로 이해한 공자의 사상은 참으로 신선합니다. 열심히 공부하는 사람은 바로 자신을 사랑하는 사람이라는 거죠.** 왜 유교를 종교가 아닌 교육으로 보는지 알 수 있게 해주는 대목입니다. 사랑의 범위가 커질수록 사랑의 힘도 커집니다.

사랑의 본질이 더하기라는 측면에서 공자의 사랑과 가장 닮은 사상이 석가모니의 사랑입니다. 그들의 사랑은 전체적으로는 비슷하면서 조금씩 다릅니다. 석가모니의 사랑은 공자의 사랑에 하나가 더 추가됩니다. 이 세상의 모든 생명에 대한 사랑입니다. 불교가 육식을 금지하는 이유도 결국 그 동물을 먹기 위해서는 죽이는 과정을 반드시 거쳐야 하기 때문입니다. 육식을 좋아하는 사람들이 자연의 모든 생명을 사랑할 수 있을까요? 유럽의 동물복지당이 스페인의 잔인한 스포츠 투우를 금지한 것은 불교의 사랑이 서구의 사랑에도 영향을 미친 것으로 풀이할 수 있습니다. 불교의 사랑은 인간을 초월한다는 점에서 자비에 더 가깝습니다. 자비를 실현하는 과정에서 큰 고통을 감내해야 하는 극단적인 종교가 불교라고 생각하는 이들이 있습니다. 하지만 불교 경전 『아함경』에 실린 석가모니의 말씀은 유교에서 공자가 한 말씀과 사실 별 차이가 없습니다.

> "출가한 이는 두 극단을 달려가서는 안 되나니, 온갖 욕망에 깊이 집착하지 않고 고행을 일삼지 말라. 나는 두 극단을 버리고 중도를 깨달았으니 그것은 눈을 뜨게 하고 지혜를 생기게 한다."

석가모니나 공자는 사랑은 극단적인 것이 아닌 중용이라고 생각합니다. 그런데 사랑은 정말 더하기일까요? 빼기일 수도 있습니다. 저는 성경을 읽을 때마다 예수님이 말씀하는 사랑은 더하기일 수도 있지만, 하느님의 사랑은 빼기일 수도 있다고 생각하게 됩니다. 예수님이 등장하기 전까지 유대교와 이슬람교, 기독교의 모태가 된 구약성경은 더하기가 아닌 빼기의 사랑을 말합니다. 구약성경 시편 2절 6편을 살펴보겠습니다.

> "일어나소서, 주님.
> 저를 구하소서, 저의 하느님.
> 정녕 당신께서는 제 모든 원수의 턱을 치시고

악인들의 이를 부수십니다.

주님께만 구원이 있습니다.

당신 백성 위에 당신의 복을 내려 주소서.”

가장 아름다운 문장이 많기로 유명한 구약 시편에 이런 기도문이 적혀 있다니 놀랍기 그지없습니다. 원수들의 턱을 치고 악인들의 이를 부수는 모습은 사랑을 구현하는 신이 아닌 정의를 구현하는 응징의 신에 가깝습니다. 종교의 경전에 원수라는 단어가 등장하는 것 자체가 저는 납득이 되지 않았습니다. 사랑이 가득하고 충만해야 할 성경에 극단적인 빼기의 대상인 원수가 한 번도 아닌 그것도 자주 등장한다면, 기독교 정신이 적어도 출발 당시에는 박애가 아니었다는 사실을 알 수 있습니다. 물론 신약으로 넘어오면 상황은 조금 달라집니다. 마태복음 5장 44절에 보면 이런 말씀이 나옵니다.

“나는 너희에게 이르노니 너희 원수를 사랑하며 너희를 박해하는 자를 위하여 기도하라.”

원수를 사랑하라는 말씀은 사실 인간이 실천할 수 있는 영역이 아닙니다. 공자나 석가모니가 말씀한 극단을 피한 중용과 중

도와는 다른 극단적인 사랑이라고 할 수 있죠. 하지만 삶을 살아가면서 이 말씀만큼 많은 위로를 주는 다른 사랑을 찾아보기는 어렵습니다. 사랑하면서 사랑 없이는 못 사는 존재가 인간이지만 살면서 수많은 적을 만들고 혐오, 분노를 표출하는 것이 또한 인간이기 때문이죠.

기독교인이 아니더라도 우리는 예수님의 이 말씀을 되뇌면서 자신을 치유할 수 있습니다. 사랑의 종교인 기독교는 처음부터 사랑의 종교였던 것은 아니었지만 예수님이 이 세상에 오면서 세계적인 사랑의 종교로 거듭났다고 볼 수 있습니다.

지금 사랑에 빠져 있다면 그 사랑이 더하기의 사랑인지 빼기의 사랑인지 먼저 스스로 물어보세요. 그리고 더하기일 때는 빼기를, 빼기일 때는 더하기를 생각하며 사랑에서도 중용을 실천하려고 노력해 보세요. 더하기와 빼기를 잘하는 것이 사랑의 기술입니다.

사랑과 증오,
그리고 애증의 삼각관계

사랑과 증오는 정반대의 감정이라고 생각하기가 쉽습니다. 누구를 극도로 싫어하는 감정이 증오이고 누구를 극도로 좋아하는 감정이 사랑이니, 상식적으로는 그렇게 생각하는 게 정상처럼 보입니다. 그러나 노벨 문학상 후보로 항상 거론되는 미국 작가 조이스 캐럴 오츠는 "증오가 섞인 사랑은 사랑보다 강하고 증오보다 강하다."라는 유명한 말을 남겼습니다. 증오가 섞인 사랑을 흔히 '애증'이라고 하죠.

애증이 사랑은 물론 증오보다 강한 이유는 뭘까요? 애증의 속성인 '집착'이라는 성향 때문입니다. 집착이 심해지면 중독으로 이어집니다. 좋은 감정으로 시작된 관계가 나쁜 감정의 악순환이 되면서 애증의 관계가 시작됩니다. 흔히 애증의 관계를 떠올릴 때 30년 이상을 함께 한 오랜 부부를 생각하기 쉽습니다만 그렇지 않습니다. 오래된 부부는 뜨거운 사랑이 식고 연민의 감정이 증오를 대신하기 때문입니다. 애증은 오히려 결혼 초기에 찾아오기 쉽습니다. 상대에게 큰 기대를 하면서 실망을 느끼는 감정이 애증이죠.

『행복한 이기주의자』를 쓴 세계적인 심리학자 웨인 다이어는 "증오는 가장 부정적인 감정이며 증오가 생길 때마다 사랑의 씨앗을 뿌려라."라는 유명한 말을 남겼습니다. 조이스 캐럴 오츠와 달리 그는 증오가 가장 강한 감정이라고 본 듯합니다. 웨인 다이어는 '증오는 내가 나를 향해 내뿜는 독'이라고 말합니다. 상대를 향해 휘두르면 반드시 자기 자신도 다칠 수 있습니다. 삶의 수많은 문제가 증오 때문에 발생합니다. 증오는 가장 공격적이고 위험한 감정입니다. 타인을 공격하는 증오는 그 감정을 품은 자신도 공격하죠. 스탈린을 비롯한 역사에 등장하는 많은 폭군은 타인에게 사랑이 없는 증오를 받고 있다는 사실을 알기 때문에 그 많은 살인과 악행을 저질렀습니다.

동서양의 고전에서 사랑이 증오를 극복하고 애증도 이기는 가장 강한 감정이라는 사실을 찾아볼 수 있습니다. 기독교를 탄압

했던 폭군 네로는 쿠데타로 죽었습니다. 그런데 왼쪽 뺨을 때리는 원수에게 오른쪽 뺨도 내주라고 가르치는 기독교는 로마의 국교가 되었습니다. 모든 종교의 경전을 읽어보면 결국은 같은 이야기를 하고 있음을 깨닫게 됩니다. 웨인 다이어는 『인생의 모든 문제에는 답이 있다』에서 세상의 모든 종교의 가르침을 '사랑'이라는 한 단어로 설명합니다.

기독교 신은 사랑이다. 인간은 신의 사랑이자 더할 수 없는 자녀이다.

조로아스터교 인간은 신의 사랑을 받는 존재이니, 그에 대한 보답으로 신에게 사랑을 돌려주어야 한다.

유대교 그대는 온 마음으로 신을 사랑하라. 그리고 이웃을 그들 자신처럼 사랑하라.

시크교 신은 손에 사랑을 든 자를 부활시킨다.

불교 온 세상을 향하여 자비와 자애의 마음을 기르라.

도교 하늘이 사랑을 내려 준 이는 망하지 않는다.

이슬람교 이것이 사랑이니, 그들 자신을 보잘것없이 여기되 신은 위대하게 여기라.

유교 모든 사람을 사랑하는 것이 가장 큰 연애이다.

힌두교 신에 대한 최고의 예배는 사랑이다.

세상의 모든 종교는 이처럼 '사랑'을 강조합니다. 인간의 나약한 마음 때문에 신을 믿는 것이 종교라고 이해하는 경향이 있지만 실제로 종교는 신이 아닌 사랑이 만들어낸 관념입니다. 인간은 누구를 미워하기 시작해 증오의 감정을 키우고 자신과 타인에게 깊은 상처를 주는 존재입니다. 그래서 인간은 자기 자신을 스스로 치유하기 위해서 사랑이라는 감정에 의지해야 하는 것이죠. 이러한 치유의 욕망이 종교를 만들어낸 것입니다.

사랑이 증오와 애증보다 강한 감정이라면 이런 궁금증이 듭니다. '사랑은 주는 것인가, 아니면 받는 것인가?' 이 질문에 대한 해답은 성 프란치스코 교황의 기도문에 있습니다.

> "위로받기보다는 위로하고, 이해받기보다는 이해하며, 사랑 받기보다는 사랑하게 하여 주소서!"

교황은 우리는 줌으로써 받고, 용서함으로써 용서받으며, 자기를 버리고 죽음으로써 영원한 생명으로 태어난다고 강조합니다. 사랑은 증오보다 강하고 애증보다 강력합니다. 그리고 받는 사랑보다 주는 사랑은 훨씬 더 강하다는 말을 마음에 새긴다면 평화와 행복이라는 두 마리 토끼를 반드시 잡을 수 있을 겁니다.

사랑에는 아무 약이 없다, 오직 더 많이 사랑하는 것밖에는

사랑에는 독점하고 싶은 욕망과 질투라는 감정이 따라붙습니다. 두 감정은 동전의 양면입니다. 독점욕은 인간의 질투 때문에 생기는 것이죠. 그래서 이렇게 보는 이도 있습니다. '질투 없는 사랑은 사랑이 아니다.' 그런데 과연 그럴까요? 찰스 디킨스의 소설 『두 도시 이야기』를 읽어보면 사랑은 반드시 질투나 독점욕을 동반하는 감정은 아니라는 사실을 깨달을 수 있습니다.

『두 도시 이야기』는 프랑스 대혁명을 배경으로 펼쳐지는 영국과 프랑스의 사랑 이야기입니다. 디킨스의 소설은 두 차례나 영화화됐고 뮤지컬로도 제작됐죠. '원 소스 멀티 유즈'의 대명사라고나 할까요? 지금까지 2억 권 이상 팔린, 단행본 역사상 가장 많은 판매고를 기록한 고전 중의 고전입니다. 이 책이 지금까지도 수많은 독자의 심금을 울리는 이유는 흔히 독점욕과 질투로 모두가 공멸하는 방향으로 흐르는 삼각관계의 종말을 가장 아름답고 이상적인 결말로 마무리했기 때문이라고 생각합니다.

루시 마네트라는 여인, 그녀를 사랑하는 남편인 찰스 다네이, 그리고 루시 마네트를 남몰래 사랑하는 비련의 주인공 시드니 카턴이 삼각관계의 주인공입니다. 변호사인 시드니 카턴은 부모 세대에서 저지른 악행으로 프랑스 대혁명의 재판정에서 사형을 선고받은 찰스 다네이를 살리기 위해 백방으로 노력합니다. 하지만 모든 방법이 실패하자 카턴은 다네이의 옷으로 변장한 후, 대신 처형을 당하게 되는 슬픈 사랑의 이야기입니다.

사랑이라는 감정이 얼마나 긍정적이고 강력한 에너지를 갖고 있으며 오래 타는 연료를 제공하는지 보여주는 내용입니다. 카턴은 경쟁자에게 사랑하는 사람을 맡기고 대신 죽음을 선택합니다. 카턴은 죽음으로써 사랑하는 사람으로부터 평생 기억될 수 있는 기회를 얻었지요. 그는 죽음을 선택하면서 이렇게 말했습니다.

"저의 마지막 간청은 이렇습니다. 그리고 제 말이 끝나면 아가씨와는 전혀 어울리지도 않고 또 아가씨와는 천지의 차가 있는 방문객을 아가씨가 맞지 않으셔도 되도록 해드리겠습니다. 이런 말을 한들 소용없을 줄 알지만 제가 진정으로 바라는 것은 아가씨와 그리고 아가씨가 사랑하는 분이 계시다면 그분을 위해서 무슨 일이든 해드리고 싶다는 것입니다. 만일 저의 생애에 있어서 저 자신을 희생시킴으로써 보람 있을 기회나 가능성이 있다면 전 아가씨와 아가씨께서 좋아하시는 분을 위해 여하한 희생이라도 바치겠다는 것입니다. 이 점 간절하고 참된 것이니 조용한 때면 가끔 저라는 인간을 아가씨 마음속에 안아 주신다면 고맙겠습니다.”

이 소설에 감동하는 사람들도 있지만 공감하지 못하는 사람도 있을 것 같습니다. 희생과 일방적 헌신을 진정한 사랑이라 할 수 있을지가 의문이기 때문이지요. 사랑은 한 방향으로 흐르는 게 아니라 양방향으로 흐르는 것이 중요하다고 믿는 사람들은 카턴의 이런 행동이 숭고할지언정 온전한 사랑은 아니라고 지적할 수 있습니다. 희생과 헌신 그리고 사랑의 관계는 보는 사람의 관점에 따라, 그리고 입장에 따라 달라질 수 있는 것이니까요.

환경과 생태 분야 고전 중의 고전 『월든』을 쓴 미국의 철학자 헨리 데이비드 소로는 사랑에 관한 유명한 말을 남겼습니다.

“사랑에는 아무 약이 없다. 오직 더 많이 사랑하는 것밖에 는!”

저는 이 말을 이렇게 바꿔보고 싶네요.
“사랑에는 그 어떤 부정적 감정도 필요 없다. 질투나 독점욕 따위 들어설 자리란 것이 애초부터 없다. 그것이 진정한 사랑이다.”

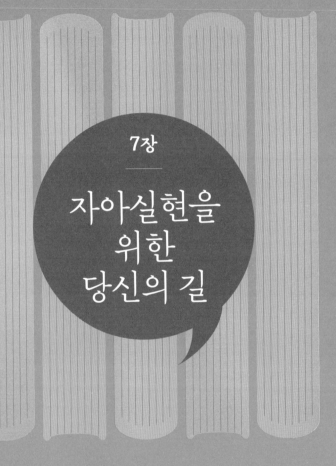

7장

자아실현을
위한
당신의 길

인생은 자신의 완성도를 높여가는 일련의 과정입니다. 만약에 신이 있다면 자아를 실현한 사람과 그렇지 않은 사람 중에서 어떤 사람에게 영생의 기회를 줄까요? 어떤 신은 자신을 흉내 내려고 했다고 자아를 실현한 사람을 싫어할 수도 있겠지만 그런 신이라면 우리는 거부해야 합니다. 인간은 태어난 이상 자신을 인격체로 완성하기 위해 모든 노력을 해야 합니다. 자아실현은 죽을 때까지 인생에서 이어지는 하나의 과정입니다. 마지막 장에서는 인생에서 제일 중요한 문제에 대한 답을 들려드립니다.

하나의 세계를
파괴하는 자

선과 악은 자아실현과 어떤 관계가 있을까요? 선은 자아실현이고 악은 자아의 실패일까요? 선과 악은 시대와 장소에 따라 달라지는 상대적인 개념입니다. 그렇다면 시대와 장소에 따라 자아실현의 방법도 달라지는 것일까요? 과거에 쓴 고전을 읽는다는 것은 자아실현에 얼마나 도움이 되는 것일까요? 꼬리에 꼬리를 물고 질문이 이어집니다. 질문에 대해 답을 하기 전에 정여울 작가가 말하는 헤르만 헤세의 이야기를 들어보겠습니다.

삶이 힘겹게 느껴질 때마다 신기하게도 내 손에는 헤르만 헤세의 책들이 쥐어져 있었다. 입시 지옥에서 헤맬 때는 『수레

바퀴 아래서』를 읽고 있었고, 내가 누구인지 자신도 알 수 없을 때는 『데미안』을 읽고 있었으며, 내게는 도무지 창조적 재능이 없는 것 같아 가슴앓이 할 때는 『나르치스와 골드문트』를 읽고 있었다. 의미 없이 나이만 먹는 것 같아 가슴이 시려올 때는 『싯다르타』를 읽고 있었으며, 내 안의 깊은 허무와 맞서 싸워야 할 때는 『황야의 이리』를 읽고 있었다.

이것은 전적으로 우연이었지만, 내가 살아온 '무의식의 역사'를 되돌아봤을 때 어쩌면 아름다운 필연이었다. 심리학자 칼 구스타프 융은 상처 입은 자만이 진실로 다른 이를 치유할 수 있다고 믿었다. 헤르만 헤세는 스스로 상처 입은 치유자wounded healer였기에 수많은 독자에게 깊고 따스한 영혼의 안식처가 되어줄 수 있었다. 이제 내가 헤르만 헤세에게 받은 치유의 에너지를 여러분과 함께 나누고 싶다.

인생이 자유를 찾아가는 여정이라면 정여울 작가는 인생의 고비마다 헤세를 읽으면서 자아를 찾아갔다고 말할 수 있겠습니다. 내가 누구인지 스스로 알 수 없을 때는 『데미안』을 읽었던 그녀처럼 『데미안』은 자아실현에 가장 큰 도움을 주는 책이라고 생각합니다. 우울증에 시달렸던 헤르만 헤세는 자신을 치유하며 쓴 글들이 대표작이 됐습니다. 따라서 헤세의 글을 읽는 여러분도 치유가 될 것입니다.

헤르만 헤세는 1차 세계대전 직후에 싱클레어라는 가명으로 『데미안』을 세상에 내놓았습니다. 헤세가 자신의 이름을 숨긴 것은 자신의 유명세와 별개로 작품 자체를 평가받고 싶었던 것이지요.

소설 속의 등장인물 데미안은 싱클레어의 자아실현에 큰 도움을 주는 친구입니다. 기독교 가정에서 태어난 싱클레어는 데미안 덕분에 선과 악이 뒤바뀔 수도 있다는 사실을 깨닫게 되죠. 성경에 등장하는 카인과 아벨에 대한 데미안의 말을 들어볼까요.

"강한 자가 약한 자를 죽인 거야. 그들이 정말 형제였는지는 의심의 여지가 있긴 하지만 그건 그렇게 중요하지 않아. 결국 사람들은 모두가 형제이니까. 따라서 강한 자가 약한 자를 죽인 것에 불과한 거야. 그것은 무척 영웅적인 행동이었을 수도 있고, 또 그렇지 않았을 수도 있어. 여하튼 약한 자들은 두려움을 느꼈던 거야. 그들은 공포에 휩싸여 한탄했겠지. 그렇지만 누군가가 그들에게 '왜 그들을 해치우지 못하지?' 하고 물으면, '우리가 겁쟁이이기 때문에'라고 말하지는 않을 거야. '그럴 수는 없다. 그자들은 표적을 달고 있어. 신이 그들에게 표적을 주셨거든.' 하고 말한 거야."

기독교인이라면 누구나 동생을 죽인 카인은 악인이고, 아벨은 선하다고 생각합니다. 하지만 데미안은 반대로 해석하라고 주문하고 있습니다. 내가 당연하다고 느꼈던 것들을 잠시 다른 시각으로 바라보고, 다른 각도에서 해석하는 것은 일종의 창의성 같은 것입니다. **자아실현은 기존의 내 생각과 반대되는 것들을 받아들여 그것을 변증법적으로 종합하는 과정**이라고 말할 수 있겠습니다.

헤세의 자아는 종합적으로 완성됐습니다. 그는 소설가인 동시에 사상가라고 할 수 있습니다. 다른 서양 작가들과 달리 헤르만 헤세는 불교와 도교의 가르침에 감명을 받고 관계성을 중시하는 동양적인 사고를 했죠. 평화주의자인 헤세는 현대 과학기술 문명의 문제점을 비판적으로 다루면서 사랑과 포용에서 대안을 찾았습니다.

『데미안』의 마지막은 전쟁에서 부상당한 싱클레어가 얼굴의 붕대를 풀자 데미안의 얼굴이 드러나는 장면이죠. 타인의 얼굴에서 자신을 보고 자신의 얼굴에서 타인을 보는 장면은 인간 모두의 자아가 상호 연결돼 있다는 칼 구스타프 융의 자아론과도 맥이 닿습니다.

"새는 알에서 나오려고 애쓴다. 알은 곧 세계다. 태어나려고 하는 자는 하나의 세계를 파괴하지 않으면 안 된다." 자아실현은 나의 틀을 깨고 바깥으로 나의 세계를 확장하는 겁니다. 기존의 내 고정관념이 만들어낸 세계를 스스로 파괴하면서 앞으로 나아가는 것이 진정한 자아실현이라는 사실을 헤세는 말해주고 있습니다.

알을 깨고 나오는 과정은 고통스럽습니다. 자아를 찾는 과정은 그만큼 고통스럽다는 뜻일까요? 헤세는 다음과 같은 멋진 말로 답합니다.

"새가 알을 깨고 나올 때 온 힘을 다해 애쓰는 걸 당신도 알잖아요. 돌이켜 생각해 보고 이렇게 한번 물어봐요. 그 길이 정말로 그렇게도 어려웠던가? 단지 어렵기만 했던가? 그러면서도 아름답지 않았던가?"

세상에 쉬운 것은 아무것도 없습니다. 나를 깨부수고 새로운 나를 향해 나아가는 길이 쉬울 리가 없겠지요. 그러나 자기 세계에서 벗어나는 일은 아름다울 수 있습니다. 어렵기만 한 게 아니라 아름답기에 우리는 고통을 무릅쓰고 자아실현을 위해 나아가야 합니다.

자아 반성 없이
진정한 자아실현은 없다

맹자에게 있어 '자아실현'은 죽을 때까지 몸에서 잊어서는 안 되는 숙명 같은 것이었습니다. 맹자는 공자와 달리 오로지 내 탓이라고 말하며 자신을 채찍질하고 끝없이 고민하고 반성하는 것이 진정한 자아실현의 기회가 될 수 있다고 믿었던 인물입니다. 공자와 함께 유교의 바탕을 이룬 맹자는 이렇게 말했습니다.

"군자는 사람들과 다른 점이 있는데, 마음에 담아 두는 것이 있기 때문이다. 군자는 '인'을 마음에 담아두고 '예'를 마음에 담아둔다. 어진 자는 사람을 사랑하고, 예의 있는 자는 사람을 존경한다. 사람을 사랑하는 자는 사람들이 언제나 그를 사랑하게 되고, 사람을 존경하는 자는 사람들이 언제나 그를 존경하게 된다.

이럴진대 사람들이 나에게 행패를 부린다면 군자는 반드시 스스로 반성하여 '내가 필시 어질지 못했고 예의가 없었구나, 어찌 이런 일이 일어난단 말인가'라고 생각한다. 자기반성을 해 봐도 어지럽고, 예의가 있었는데도 상대가 행패를 부리면 군자는 반드시 '내가 불충했나 보다'라고 여기고 반성한다. 자기반성을 해 봐도 충직했는데 상대가 행패를 부리면 군자는 '망령된 자로군. 금수와 다를 바 없네. 금수를 어찌 꾸짖겠는가'라고 한다. 이런 고로 군자는 평생 스스로 행동을 고민하니 '종신지우' 하루 나절의 근심거리는 없다."

맹자는 "인은 활쏘기와 같다. 활 쏘는 사람은 자기 자신을 올바르게 한 다음에야 쏜다. 쏘았는데 맞지 않으면 나를 이긴 자를 원망하는 것이 아니라 자기 자신을 돌이켜 반성할 뿐이다."라고 말했습니다. 맹자는 공자보다 훨씬 더 자기 자신에게 엄격했다고 말해도 과언이 아닐 것입니다.

공자와 맹자가 '인'과 '어짊'을 인간 본성으로 본 것은 똑같지만 조금은 다른 면이 있습니다. 공자가 행동을 중요시한 돈키호테 스타일이었다면, 맹자는 내적 고민을 많이 하는 햄릿 스타일이었던 것이죠. 맹자는 그만큼 심사숙고한 인물입니다. 공자가 행동파 철학자였다면 맹자는 고민하는 철학자였습니다. 공자는 '인'을 의로움과 비슷하게 해석하고, 의롭지 않으면 분기탱천하여 일어나는 결기 같은 것으로 이해했지만 맹자는 '인'을 부처님이 말씀하신 자비와 비슷한 사랑으로 이해했습니다.

또한 맹자는 자아실현에서 '반성'의 중요성을 강조했습니다. 반성 없이는 진정한 자아실현이 없다고 생각합니다. 반성을 통해서 발전이 있고, 발전을 통해서 완성에 이르는 것이지요. 물론 자아를 완성하는 길은 멀고도 험합니다. 하지만 끝없이 '인'과 '예'와 '의'와 '지'를 고민하면 언젠가는 자아실현을 이룰 수 있을 겁니다.

일상에서 자아를 실현하는 방법 네 가지

그렇다면 공자는 자아실현에 대해서 어떤 생각을 했을까요? 공자는 '자아'라는 단어에 '실현'이라는 단어보다 '수련'이라는 단어를 더 많이 사용했다는 사실을 알 수 있습니다. 즉, 자아는 수동적으로 실현되는 게 아니라 능동적으로 수련을 해야 실현할 수 있다는 본질을 공자는 정확히 간파했습니다.

송나라 시대 소동파 같은 시인은 인생의 많은 유혹을 이기는 데 필요하고 가장 좋은 자아 수련의 방법은 『논어』를 통째로 외우는 것이라고 말한 바 있습니다. 그러나 더 중요한 건 외우는 게 아니라 『논어』를 현대에 맞게 재해석하는 것이죠. 『논어』에서 공자는 자아실현을 다음과 같이 말합니다.

> 공자가 말하길, "덕을 닦지 않는 것, 학문을 전수하지 않는 것, 의로움을 듣고도 옮기지 않는 것, 선하지 않은 걸 고치지 못하는 것이 바로 나의 걱정거리이다!"

> 子曰, 德之不修, 學之不講, 聞義不能徙, 不善不能改, 是吾憂也!
> 자왈, 덕지불수, 학지불강, 문의불능사, 불선불능개, 시오우야!

자아를 실현하려면 우선 '덕'을 쌓아야 합니다. 덕을 쌓는다는 것은 사회성을 기른다는 뜻이죠. 개인적인 자아실현은 결국 사회적으로 실현될 수밖에 없죠. 자아실현의 또 다른 수단은 '공부'입니다. 공부 없이 자아를 실현한다는 것은 수학 문제를 풀지 않고 눈으로만 풀이 과정을 읽어 수학 실력을 올리겠다는 것과 똑같이 무모한 일입니다. 지금 같은 세상에서 공부는 책으로만 가능한 것이 아니라 유튜브나 인터넷 강의 등을 통해서도 할 수 있죠. 그러나 공부는 지식의 습득으로 끝나서는 안 됩니다. 반드시 자아를 완성하는 단계까지 나를 이끄는 공부가 필요합니다.

고전 읽기가 바로 그런 공부가 되겠네요.

자아실현은 사회적으로 실현되는 것이기에 '공정성과 정의' 또한 아주 중요합니다. 무엇이 정의인지 알아야 하고 그 정의를 실현하기 위해 노력하는 모습이 자아실현의 과정이 될 수도 있는 법입니다. 가령 환경 단체에 가입해 환경운동을 하는 것도 일종의 자아실현으로 볼 수 있습니다.

자아실현을 위해 필요한 네 번째는 '개선을 향한 노력'입니다. 자아실현은 끝없이 자기 잘못을 수정하고 보완하는 작업이 필요합니다. 자아실현은 이럴 때 자아 발전이 될 수 있는 법이죠. '군자는 자신을 탓하고 소인은 남을 탓한다'는 말이 있습니다. 자신을 탓해야 자기 잘못을 알고 고칠 수 있는 기회도 많아지게 됩니다. 즉, 자아실현은 자아비판이며 자기 교정입니다.

자아실현은 좋은 습관을 몸에 형성해 이를 실천하는 과정이라고 볼 수 있습니다. 우리가 꼭 실천해야 할 좋은 습관은 '덕'과 '공부', '의로움'과 '교정'입니다. 언제든 자아실현을 내려놓고 눈앞의 작은 이익에 자신을 양보하는 것이 인간의 본성입니다. 그럴 때마다 『논어』를 비롯한 고전을 읽으면서 자신을 다잡아가는 것이 바로 자아실현을 이루는 방법론이라고 할 수 있을 것입니다.

인간 욕망의
마지막 단계

유대계 미국인 심리학자 에이브러햄 매슬로가 제시한 '욕구 5단계'는 누구나 알고 있을 정도로 유명합니다. 그는 『인간의 동기와 성격』에서 인간의 욕구에는 5단계가 있고, 그 끝이 자아실현이라고 말합니다.

인간의 욕구 1단계는 '생리적physiological 욕구'입니다. 먹고 마시고 배설하는 욕구는 인간뿐 아니라 모든 생명체가 갖고 있습니다. 이를 해결하지 않으면 생존 자체가 불가능하므로 가장 기본적인 욕구라고 할 수 있죠.

두 번째 욕구는 첫 번째 욕구의 연장선에 있습니다. 바로 '안전safety'의 욕구입니다. 사실 생물 대부분은 자연사하는 경우는 거의 없고 천적에 의해서 죽습니다. 인간도 지능이 없었다면 연약한 존재로 천적들에게 잡아 먹혀 아마 지금까지 존재하기가 어려웠을 겁니다.

세 번째 욕구는 '애정·소속love belonging'의 욕구입니다. 먹고살수 있고, 천적에 잡아먹힐 걱정이 사라지면 그때부터 인간은 어딘가에 소속되고 싶고 누군가로부터 사랑을 받고 싶어 합니다. 인간은 사회적 동물이기에 사랑과 소속감은 인류가 생존하기에 꼭 필요한 욕망이라고 할 수 있습니다.

네 번째는 '존중esteem의 욕구'입니다. 이제부터는 고차원적이라는 수식어가 붙습니다. 사랑받으면 그 사람으로부터 존중받고 싶어 하는 게 인지상정입니다. 아니, 인간은 관계를 맺고 있는 모든 사람으로부터 존중을 받고 싶어 합니다. 인간은 자존감이 없으면 우울증 등 마음의 병이 발생하는 연약한 존재입니다.

매슬로가 마지막으로 제시한 것이 바로 '자아실현self-actualization'으로, 자신을 계속 발전하게 하고자 자기 잠재력을 최대한 발휘하려는 욕구입니다. 매슬로는 자아실현을 이룬 사람들을 자기 능력과 소질을 온전히 계발하여 외적으로도 내적으로도 분명히 성공한 사람이라고 말합니다. 완벽한 인간이라고는 말할 수 없지만 완벽에 가까워지려고 끝없이 노력하는 인간이라고 말할 수는 있겠죠.

성공하려면 지적 능력뿐만 아니라 대니얼 콜먼이 말한 '감성 지능'의 도움이 필수적입니다. 자아실현의 단계는 현실을 100% 직시하는 상황이라는 점에서 지극히 현실적입니다. 매슬로는 자신을 포함해 있는 것을 그대로 받아들이는 것이 자아실현의 첫 단계라고 말합니다. 세상을 끊임없이 새롭게 바라보고 현실을 아름답게 인식하려고 노력해야 합니다. 자연을 아름다움으로 인식하면 자신을 둘러싼 주변의 다른 사람들도 아름답게 보입니다. 진정한 자아실현의 단계에 오른 사람들은 인간관계가 좋을 수밖에 없습니다.

매슬로는 자아실현을 이룬 사람들의 또 한 가지 특징을 '자유'라고 말합니다. 그들은 어떤 상황에서도 자유의지를 잃지 않습니다. 외부의 환경에 이리저리 끌려다니는 상태로는 자아실현이 어렵죠. 그래서 자아실현에는 경제적으로 자유를 누리는 어느 정도의 물질적 여유도 필요한 겁니다.

매슬로의 주장은 오늘날 몇 가지 이유로 비판받고 있습니다. 일단 개인과 사회에 너무나 높은 기준을 세웠다는 것이죠. 매슬로를 존재하지도 않는 인간의 본성을 이상으로 생각하는 이상주의자, 때로는 몽상주의자로 비판하는 이들도 있습니다. 그리고 자아실현이 과연 개인의 노력만으로 가능한가에 대한 비판도 있습니다. 일각에서는 매슬로의 욕구 5단계는 철저하게 자본주의 사회에서만 가능한 논리라고 비판합니다.

저는 이런 비판에도 불구하고 매슬로의 욕구 5단계는 현재에도 유효하며 모든 인간은 마지막 단계인 자아실현을 위하여 끊임없이 노력해야 한다고 생각합니다. 그래야 발전이 있고, 어제와 다른 오늘을 맞을 가능성의 문이 열리기 때문이죠. 모든 이들이 자아실현에 도전하는 사회는 타인에 대한 배려가 그만큼 늘어나고 살기 좋은 사회로 변하는 계기가 될 수 있습니다.

이런 점에서 매슬로가 생각하는 인간은 새로운 인간입니다. 경제적 자유를 꿈꾸면서 동시에 환경을 생각하는 ESG(환경 사회 지배구조Environmental, Social and Governance) 투자가가 바로 매슬로가 생각하는 자아실현의 5단계에 당당히 입성한 인물이라고 해도 과언은 아닐 것입니다.

자아실현을 위한
당신의 길에 빛이 비치리라

　전 세계에서 가장 많은 신자가 있는 종교는 기독교입니다. 가톨릭 구교가 14억, 개신교가 8억입니다. 서양의 모든 고전은 『성경』의 영향을 받습니다. 『성경』을 떠나서 서구 문명을 상상조차 할 수 없기 때문이지요. 기독교 관점에서는 자아실현을 어떻게 보고 있을까요? 부정적으로 보는 이들도 있습니다.

　아담과 이브는 자유의지로 선악과를 따먹고 에덴동산에서 내쫓깁니다. 즉, 성경은 인간이 자유의지 때문에 타락했다고 보는 거죠. 그런데 성경을 끝까지 읽어보면 그렇지 않다는 사실을 알 수 있습니다. 아니 오히려 『성경』에는 자아실현을 적극적으로 권장합니다.

"네가 무엇을 경영하면 이루어질 것이요, 내 길에 빛이 비치리라."

"정말로 형제들이 무엇에든지 참되며 무엇에든지 경건하며 무엇에든지 옳으며 무엇에든지 정결하며 무엇에든지 사랑할 만하며 무엇에든지 칭찬할 만하며 무슨 덕이 있든지 무슨 기력이 있든지 이것들을 생각하라."

『미래는 내가 선택한다』의 저자 토마스 카힐은 "만약 성서가 없었다면 노예제 폐지 운동, 반전운동, 인권운동 그리고 전 세계 각지에서 벌어진 언론 자유 운동과 민주주의 운동은 절대로 일어나지 않았을 것이다. 현대사의 이런 모든 활동은 모두 성서에 따른 것이다."라고 말했습니다.

전 세계 민주주의 국가 대부분이 기독교 문명에서 출발했습니다. 기독교 국가들이 개인들에게 적극적으로 자아실현을 강조하고 있다는 점에서 기독교가 자아실현에 대해서 부정적이라는 주장은 편견이죠. 위에서 인용한 성서의 문구들은 인간의 자유의지를 강조합니다. 그리고 신은 인간의 자유의지를 적극적으로 도와줄 것이라는 해석도 매우 가능합니다. 『성경』의 필립보서에서 이야기한 참됨, 경건, 옳음, 정결, 사랑, 칭찬, 덕, 이런 모든 것들은 자아실현의 부속물입니다.

성서가 모든 개인에게 보편적인 교훈을 주는 것이 목적인 것은 분명하지만 성서가 개인의 독자성을 부정하지는 않습니다. 서구 역사에서 진보와 민주주의를 통해 인권과 인간의 존엄성을 성취해온 것이 기독교와 성경과 무관하다고 말할 수는 없을 겁니다. 공동체를 위해 개인의 독자성을 희생시킨 공산주의에 가장 비판적인 세력이 바로 기독교 세력이었으니까요. 자아실현역시 이런 성서의 진보적인 성향에서 근거를 분명히 찾을 수 있죠.

『성경』을 원죄와 희생에 관한 위협으로 보는 것은 편견일 수있습니다. 『성경』은 기본적으로 모든 인간에 대해 연민을 표시하고 있습니다. 연민이야말로 자신은 물론 타인도 자아실현을이룰 수 있는 가장 큰 동기입니다. 따라서 기독교인이 아니더라도 긍정적이고 주도적인 삶을 살고자 하는 사람들은 『성경』이라는 고전 읽기에 한 번쯤은 도전하는 것이 좋다고 생각합니다.

구름을 벗어난 달처럼 불멸의 길을 깨달으며
불교는 모든 불자가 부처가 되자고 말하는 종교입니다. 부처는 자신의 자아를 소멸하여 열반에 이르도록 돕습니다. 불교는 나 자신이라는 작은 자아에서 온 우주라는 넓은 자아로 의식을 확대하게 만듭니다. 인간의 욕망을 부정하는 불교는 '수행'이라는 측면에서 현대인에게 적지 않은 영향을 미칩니다. 『법구경』에는 자아와 관련한 부처님의 지혜가 실려 있습니다.

> "처음에는 무지했으나 나중에 지혜를 얻은 사람은 구름을 벗어난 달처럼 세상을 밝게 해준다."
> "영원의 길을 보지 못한 채 백 년을 사는 것보다 불멸의 길을 깨달으며 하루를 사는 것이 낫다."

불교는 '깨달음'의 종교입니다. 석가모니는 29세에 출가해서 보리수나무 아래에서 깨달음을 얻은 뒤 열반에 들어갈 때까지 45년 동안 민중의 스승으로 세상을 돌아다녔습니다. 자아실현을 깨달음으로 볼 때, 자아를 실현한 사람은 자신만 밝게 비추는 존재가 아닙니다. 석가모니에 따르면 **내가 깨달아서 자아를 실현하면 세상이 밝아집니다.** 자아실현은 나에게만 좋은 것이 아닙니다. 이 세상을 밝게 비추고 악이 사라지고 선이 세상을 지배하도록 돕는다는 점에서 자아실현은 사회적 의미가 더욱 큽니다.

자아실현에 대한 불교의 두 번째 가르침은 단 하루라도 자아실현을 이룬 삶을 사는 것이 자아실현 없이 100년을 사는 사람보다 행복하다는 것입니다. 나이가 들면 지혜가 생기고 젊은이들보다 자아실현에 좀 더 가깝게 자리 잡을 수 있기도 하지만 한편으로는 **노년으로 갈수록 자기 고집과 고정관념 때문에 새로운 생각을 하기가 어려워짐을 경계해야 합니다.**

자아실현은 깨달음을 얻은 후 평온과 인내를 느끼는 단계입니다. 이런 궁금증이 생길 수도 있습니다. '불교는 집착을 버리라는 종교인데, 자아실현은 일종의 자아에 대한 집착이 아닌가?' 좋은 질문입니다. 『법구경』에서 부처님은 말합니다.

> "삶 그리고 삶이 만들어내는 다양한 욕망은 근본적으로 무상한 것이다."

세상의 본질이 무상하다는 것을 마음으로 받아들이면 집착이나 두려움, 불행도 사라질 수 있습니다. 자본주의 사회에서는 그 어떤 것도 돈에서 벗어날 수 없기에 자아실현 역시 돈이 어느 정도 필요합니다. 돈의 노예가 되지 않기 위해선 약간의 돈도 필요합니다. 돈의 필요성을 인정하는 것과 돈에 대해서 집착하는 것은 다른 문제입니다. 집착이 문제임을 깨닫고, 돈 역시 무상할 수 있음을 깨달아야 합니다.

노자의 『도덕경』은 불교와 사상적 바탕을 상당 부분 공유하며 '부를 추구하되, 부에게 지배되지 않는 삶'이 어찌 가능한지를 보여줍니다. 상처를 받을 때마다 스스로에게 이렇게 위로해 보십시오.

> "지니고 있음에도 더 채우는 것은 그만두니만 못 하고, 갈아서 더 날카롭게 되면 오래 보존할 수 없다."

과유불급은 거의 언제나 옳습니다. 특히 욕심이 지나칠 때는 반드시 화를 부릅니다. 적당한 선에서 멈출 줄 알 때 내면의 평화도 찾아오고, 자아실현도 앞당겨질 것입니다.

네 운명의 모습과 맞게
다가오는 것만을 사랑하라

할리우드를 대표하는 감독 리들리 스콧의 대표작 『글래디에이터』는 실제 역사를 바탕으로 극적인 요소를 가미한 픽션입니다. 영화에서 아들에게 목숨을 빼앗긴 황제 마르쿠스 아우렐리우스는 로마의 전성기를 이끌었던 현명했던 다섯 명의 왕 중에 한 명이었습니다. 그는 스토아학파의 철학자로서 불면증과 싸우며 『명상록』을 남겼습니다. 아우렐리우스는 자아실현에 대해 이렇게 말합니다.

"네 운명의 모습과 맞게 다가오는 것만을 사랑하라. 이보다 더 너의 욕구와 맞아떨어지는 것이 어디 있겠는가?"

자아실현도 일종의 욕망입니다. 그러나 자신의 운명과 맞서는 욕망이 아닌 자기 운명의 길과 같은 결을 지닌 욕망입니다. 예를 들어 단 음식은 욕망입니다. 달콤함의 쾌락은 건강해지는 나의 운명과 정반대의 길을 걷고 있죠. 아우렐리우스는 이런 욕망을 피하는 것이 자아실현의 첫 단추를 여는 것이라고 말합니다. 쾌락은 진정한 자아실현의 방해가 될 뿐입니다. 쾌락에 대해 아우렐리우스는 이렇게 비판합니다.

"모든 것은 각자의 임무를 지니고 태어난다. 말과 포도나무도 그렇다. 이는 분명한 이치다. 태양신마저도 '나는 이 일을 하려고 태어났다'고 말할 것이다. 하늘에 계신 다른 신들도 마찬가지다. 그렇다면 너는 무엇을 위해 태어났는가? 쾌락을 위해? 그런 생각을 스스로 용납할 수 있는가?"

쾌락이 넘치는 현대사회에서 자아실현을 위해 쾌락을 피하라는 가르침은 도저히 따를 수 없다고 생각하는 이들도 있을 겁니다. 아우렐리우스는 모든 쾌락을 부정하진 않습니다. 그는 단지 쾌락이 지배하는 삶을 부정하는 것이지요. 쾌락에 중독되어 쾌락이 자신의 감정과 이성을 마음대로 좌지우지하는 사람이 되지 말라는 것입니다. 쾌락이 주인이 아닌 자아가 자신의 주인이 되어야 자아실현도 가능해질 테니까요.

　진정한 자아실현을 위해서는 꽃길만 걸어서는 안 됩니다. 때
로는 가시밭길도 걸어야 합니다. 고난을 만나고, 그 고난을 이겨
가는 과정에서 자아도 함께 성장하니까요.

　자아를 실현하는 사람은 세상을 제대로 바라보는 사람입니다.
『명상록』은 자아실현과 관련된 마지막 키워드를 제시합니다. 바
로 '감사하는 마음'입니다. 삶은 외롭고 슬픕니다. 그러나 나의
노력으로 그 삶은 즐거움과 소통으로 서서히 바뀌어나갈 수 있
습니다. 세상에 맞서 나의 자존감을 높이세요. 그리고 타인과 공
존하는 삶을 살도록 노력하세요. 감사하는 마음은 이를 가능하
게 만드는 원동력이 될 것입니다.

고전에서 답을 찾은 당신이 해야 할
7가지 성공의 법칙

인생이라는 긴 여정 속에서 여러분에게 힘이 되고 도움이 되는 존재는 바로 '고전'입니다. 고전을 옆에 두고 고민이 생길 때마다 고전에서 답을 찾는 습관을 들이면 여러분의 고민이 하나둘씩 해결될 것입니다. 고전 읽기는 여러분 앞에 뿌옇게 낀 안개를 사라지게 합니다. 고전을 읽는 여러분은 성취감과 행복을 느낄 것입니다.

인생의 정답을 고전에서 찾으신 이들이 앞으로 인생에서 실천해야 할 7가지 성공의 법칙을 소개해 드리고자 합니다. 저는 지금껏 동서양의 철학과 문학 등을 누비며 고전의 답을 여러분에게 전해드렸습니다. 혹시 느끼셨나요? 고전 대부분은 어떻게 보면 비슷한 이야기를 하고 있다는 공통점 말이죠. 지금부터는 고전의 가르침을 정리하며 마무리할까 합니다.

1. 내 인생의 도덕률을 만들어라. 성공은 그 후의 일이다.

인생을 도덕적으로 사는 것은 돈을 버는 것만큼이나 중요합니다. 가치관이 올바른 사람들이 성공하는 것이지 성공한 사람들의 가치관이 좋은 것은 아닙니다. 동서고금의 고전들이 인생에서 올바른 가치관의 중요성을 강조해왔습니다. 나 자신과 세상에 떳떳한 가치관은 지금까지의 인생보다 더 나은 내일을 보장해주는 인생의 성공법칙입니다.

2. 갈등을 두려워 마라. 갈등을 극복하면서 인간은 성장한다.

인생에서 갈등은 피할 수 없습니다. 나 아닌 다른 누군가와 만나 갈등하는 과정에서 인간은 많은 것을 배울 수 있습니다. 살면서 다양한 사람을 만나십시오. 다양한 인연은 다양한 기회를 반드시 보장합니다. 비록 당신이 어떤 사람과 갈등을 겪는 중이라고 해도 그 사람에게서 배울 점이 반드시 나타날 겁니다. 사람은 결국 자신이 만나는 사람들과 비슷한 길을 가게 되어 있습니다.

갈등을 다른 시각에서 보고, 피할 수 없는 갈등을 최소화하고, 갈등의 긍정적인 면을 키우는 과정에서 성장은 찾아옵니다.

3. 죽는 날까지 공부하라. 공부는 절대 배신하지 않는다.

제가 가장 많이 인용하는 고전이 『논어』인 이유는 공자의 가르침이 현재와 가장 잘 맞아 떨어지기 때문입니다. 『논어』는 배움을 예찬하고, 배우는 인간을 칭송합니다. 지금 우리에게 필요한 것은 배우고 이를 나의 삶에 적용하는 일입니다. 이 세상에 공부만큼 솔직한 것이 없습니다. 공부한 만큼 성장하고, 배운 만큼 세상은 나에게 친절해집니다.

4. 성공하고 싶다면 성공하는 이들의 습관을 배워라.

사랑, 가치관, 공부 이 세 가지의 공통점은 습관이 될 때 성공할 수 있다는 것입니다. 인생의 성공 방정식은 간단합니다. 성공의 습관을 몸에 익혀 습관화하고 나쁜 습관을 멀리하는 것입니다. 습관이 운명을 만들지, 운명이 습관을 만드는 것은 아니라는 점을 잊지 말아야 합니다.

5. 목표를 세워라. 그리고 수시로 점검하라.

누구나 좋은 습관을 원하지만, 실천하지 못하는 이유는 바로 목표가 다르기 때문입니다. 목표가 확실한 사람은 목표를 위해 좋은 습관을 언제든 활용할 수 있지만, 목표가 없는 사람들은 좋은 습관을 멀리하고 나쁜 습관과 친해지게 됩니다. 목표는 언제나 확실하고 선명하게 내 앞에 펼쳐져야 합니다. 목표를 수시로 점검하십시오. 목표는 좋은 결과로 당신에게 보답합니다. 이른 나이에 경제적 자유를 이룬 사람들을 '파이어족'이라고 하죠. 이들은 목표지향적으로 산 사람들입니다. 목표를 이루기 위해 끝없이 자기 암시를 하며 자기 삶을 긍정적으로 그리고 성공적으로 바꾸어 나가시기를 바랍니다.

6. 사랑하라. 안 되면 좋아하도록 노력하라.

인생에서 가장 불행한 사람은 자신이 싫어하는 일을 하면서 자신이 싫어하는 사람과 같이 사는 사람일 겁니다. 그러나 그 사람들도 행복해질 수 있다고 수많은 고전이 말해주고 있습니다. 자신이 지금 하는 일을 사랑하려고 노력하고 지금 함께 사는 사람의 좋은 점을 보려고 노력하는 것이지요. 사랑은 노력으로 인간이 후천적으로 습득할 수 있는 기술입니다. 사랑의 기술은 학습하는 것입니다.

7. 자아실현이 될 때까지 자기 계발을 계속하라.

세상의 모든 책은 자기계발서입니다. 그리고 세상의 모든 사람은 나의 멘토입니다. 불교, 기독교, 이슬람교, 유교 등 세상의 모든 종교는 자아를 실현한 이에게 많은 것을 약속합니다. 세상을 자기 계발의 터전으로 생각하고 자아실현을 위해 한 걸음 한 걸음 나아가세요. 그러면 세상도 발전하고 나 자신도 발전할 것입니다. 자아실현을 이루면 누구나 원하는 경제적 자유를 이룰 가능성도 커지죠. 그리고 자신의 인생은 스스로 책임진다는 원리도 깨달을 수 있을 겁니다.

이 책이 당신이 만난 모든 고민을 해결해주지는 못할지라도 더 나은 방향으로 당신의 삶을 이끌 수 있기를 마음을 다해 기원합니다.

쉼없이 변화하는 세월 앞에서 일희일비하지 마라.

마르쿠스 아우렐리우스

많은 위대한 행동은 작은 투쟁을 통해 이루어진다.
빅토르 위고